完全制覇
—シリーズ—

Grade 3

英検®3級

最短合格!

ライティング
完全制覇

ジャパンタイムズ出版 英語出版編集部 &
ロゴポート 編

無料音声アプリ
PCでもダウンロードできる

the japan
times
出版

英検®は、公益財団法人日本英語検定協会の登録商標です。

はじめに

　近年、英語学習の4技能化が叫ばれるようになり、英検®でもその流れに沿った試験形式の改訂がなされています。3級では、2017年度第1回から、語句整序問題に代わって英作文問題（筆記大問4）が導入されました。またそれと同時に、リーディング、リスニング、ライティング（英作文）、スピーキング（面接）の4技能が同じ配点とされたため、3級に合格するうえで、ライティングの力は必要不可欠なものとなりました。

　ライティングの問題は、英語で書かれた短いQUESTION（質問）に対して、25〜35語の英語で答える形式で、限られた時間の中で自分の好みや習慣などについて述べることが求められます。「日本語でだって大変なのに、英語で自分の考えを書くなんて、絶対ムリ！」そう思う人もいるかもしれませんね。でも、心配はいりません。

　本書のChapter 1ではライティングでどんな問題が出題されるか、どんな風に考えてどう答えを書けばよいか、お勧めのフレーズも含めてわかりやすく説明しています。ここに挙げた書きかたに従えば、きちんとした答案を書くことができます。

　またChapter 2では、ライティングで出題される可能性の高い質問のタイプ別に、答案のパーツとなる英文のカタマリ（本書ではこれを「コンテンツブロック」と呼んでいます）を266も用意しています。これらを頭に入れておけば、そのまま使ったり、少しアレンジしたりすることで、さまざまな問題に無理なく対応することができます。

そして Chapter 3 では、10 セットのオリジナル問題をご用意しました。解答・解説ではすべての問題に対して Chapter 2 のコンテンツブロックを使った 2 つの立場の答案を挙げ、ていねいに解説しています。まずは Chapter 1で紹介した書きかたに従って、自分で答案を書いてみましょう。それから、解答・解説をよく読み、的確に答案を書く力を身につけてください。

　本書のコンテンツブロックや問題、解答例の音声は、無料でダウンロードすることができます。この音声をフル活用し、ライティング力だけでなく、リスニング力やスピーキング力も身につけてください。

　本書を活用され、みなさんが合格の栄冠を手にされることを、心よりお祈りしています！

編者

＊2024 年度から、3 級のライティングに「E メール」問題が追加されることになりました。詳しくは、日本英語検定協会のホームページをご覧ください。

Contents 目次

Chapter 3

模擬問題 083

装丁・本文デザイン・DTP 組版	清水裕久 (Pesco Paint)
イラスト	島津敦 (Pesco Paint)
ナレーション	Karen Haedrich／Neil DeMaere
録音・編集	ELEC 録音スタジオ
音声収録時間	約 47 分

本書の構成と使いかた

　本書は、3級の英作文問題（筆記大問4）で高得点を獲得するための対策書です。「Chapter 1 英作文問題の概要と解きかた」「Chapter 2 質問タイプ別コンテンツブロック266」「Chapter 3 模擬問題」の3章構成になっています。

Chapter 1　英作文問題の概要と解きかた

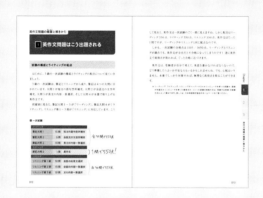

　Chapter 1では、3級の英作文問題の概要と解きかたを解説しています。どんな問題が出題され、どのような手順で、どのように解答を書けばよいかを説明しています。時間配分やメモの取りかたから、いろいろな問題で使えるお勧めのフレーズまでご紹介していますので、まずはこの章を頭に入れてしまいましょう。

　Chapter 2 では、英作文の問題で出題される可能性の高い質問のタイプ別に、答案のキーワードになる語句と、答案のパーツとなる英文（コンテンツブロック）を掲載しています。

1　概要説明

　出題される可能性が高い質問のタイプ別に、押さえておきたいポイントを説明しています。

2　英作文で使える Words & Phrases

　各分野の頻出語句です。コンテンツブロックを読む前にこれらの語句を覚えておけば、コンテンツブロックの英文が頭に入りやすくなります。

3　想定されるテーマ

　出題される可能性のあるテーマです。

4　コンテンツブロックのタイトル

　コンテンツブロックの内容を簡潔に示しています。

5　コンテンツブロック

　答案の本論を構成する英文のカタマリです。全 266 のコンテンツブロックを掲載しています。

6　音声ファイル番号

　無料ダウンロードできる音声のファイル番号を示しています。

Chapter 3 模擬問題

　本番レベルの模擬問題を 10 セット収録しています。解答・解説では、それぞれの問題に 2 種類の模範解答例を掲載しました。解答例の本論部分は、Chapter 2 に収録されているコンテンツブロックで構成されています。

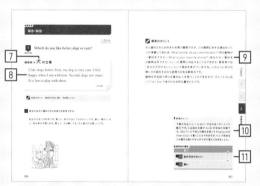

7 **解答例の立場**
解答例が QUESTION に対してどの立場で書かれているかを示しています。

8 **解答例**
QUESTION に対する解答例です。基本的に〈導入→本論〉で構成されています。

9 **解答のポイント**
解答例がどのような切り口で論じられているかを解説しています。

10 **表現のヒント**
解答例の英文を書くときの構文や語句などのヒントです。

11 **解答例の構成**
本論について、Chapter 2 の対応するコンテンツブロック番号が 1 のように示されています。

音声のご利用案内

　本書の音声は、スマートフォン（アプリ）やパソコンを通じて MP3 形式で
ダウンロードし、ご利用いただくことができます。

📱 スマートフォン

1. ジャパンタイムズ出版の音声アプリ
　「OTO Navi」をインストール
2. OTO Navi で本書を検索
3. OTO Navi で音声をダウンロードし、再生

3 秒早送り・早戻し、繰り返し再生などの便利機能つき。学習にお役
立てください。

💻 パソコン

1. ブラウザからジャパンタイムズ出版のサイト「BOOK CLUB」にア
　クセス

　https://bookclub.japantimes.co.jp/book/b556772.html

2.「ダウンロード」ボタンをクリック

3. 音声をダウンロードし、iTunes などに取り込んで再生
　※音声は zip ファイルを展開（解凍）してご利用ください。

Chapter 1

英作文問題の
概要と解きかた
がい よう

この Chapter では、3 級の英作文では
どんな問題が出題されるのか、
どのように時間を使い、どう答えればよいのか、
といったことを見ていきましょう。

1 英作文問題はこう出題される

試験の構成とライティングの配点

　はじめに、3級の一次試験の構成とライティングの配点について見ていきましょう。

　3級の一次試験は、筆記とリスニングから成り、筆記は4つの大問に分かれています。大問1が短文の語句空所補充、大問2が会話文の文空所補充、大問3が長文の内容一致選択、そして大問4が本書で取り上げる英作文です。

　技能別に見ると、筆記大問1〜3が「リーディング」、筆記大問4が「ライティング」、リスニング第1〜3部が「リスニング」に対応しています。こう

▶ 一次試験

リーディング		
筆記大問1	15問	短文の語句空所補充
筆記大問2	5問	会話文の文空所補充
筆記大問3	10問	長文の内容一致選択
ライティング		
筆記大問4	1問	英作文
リスニング		
リスニング第1部	10問	会話の応答文選択
リスニング第2部	10問	会話の内容一致選択
リスニング第3部	10問	文の内容一致選択

全30問で550点

1問で550点！

全30問で550点

して見ると、英作文は一次試験のごく一部に見えますね。しかし配点はリーディング550点、ライティング550点、リスニング550点。英作文はたった1問ですが、リーディングやリスニングと同じ配点なのです。

　しかも、一次試験の合格点は1103／1650点。リーディングとリスニングが満点でも、英作文が0点だと不合格になってしまうのです！ 逆に英作文で高得点が取れれば、ぐっと合格に近づけます。

　英作文は、受験者が自分で考えて、英語を書かなければならないので、どう準備したらよいか不安な人もいるかもしれませんね。でも、心配はいりません。本書でしっかり対策すれば、無理なく高得点を取ることができます。

＊ リーディング、ライティング、リスニングがペーパーテストかコンピュータを使った試験か、面接が対面式かコンピュータを使った録音式か、といった試験の実施方式は、受験する英検®の試験方式によって異なります。詳しくは、日本英語検定協会のホームページをご覧ください。

＊ 2024年度から、3級のライティングに「Eメール」問題が追加されることになりました。詳しくは、日本英語検定協会のホームページをご覧ください。

英作文問題の概要と解きかた

　3級の筆記大問4では次のような形式の問題が出題されます。
（ここでは薄字でQUESTIONの和訳も添えましたが、実際の問題に和訳はついていません。）

・あなたは、外国人の友達から以下のQUESTIONをされました。
・QUESTIONについて、あなたの考えとその理由を2つ英文で書きなさい。
・語数の目安は25語〜35語です。
・解答は、解答用紙のB面にあるライティング解答欄に書きなさい。なお、解答欄の外に書かれたものは採点されません。
・解答がQUESTIONに対応していないと判断された場合は、0点と採点されることがあります。QUESTIONをよく読んでから答えてください。

QUESTION
Which do you like better, summer or winter?

訳　夏と冬ではどちらのほうが好きですか。

この問題文では、いくつかの点に注意する必要があります。

o 「外国人の友だちから質問をされた」という設定である点。つまり日本語が通じないという前提になっています。ですから、言いたいことを英語で何と言えばよいかわからなくても、日本語で書いてはいけません。（例えば「イルカ」を iruka と書くのは NG。）

o 質問に対する答えと、そう答える理由2つを書かなければいけないという点。この3つが含まれていないと大きな減点になってしまいます。

o 25 〜 35 語の英文で書くこと。これは「目安」と言われているので、1、2語多かったり少なかったりしてもあまり気にすることはありませんが、大幅に語数がオーバーしたり不足したりしないようにしましょう。

o 質問に関係ないことを答えても採点の対象にはなりません。「0点と採点されることがある」と警告されていますね。

では、どんな QUESTION が出題されるか見てみましょう。3 級では、あなた自身の好みや習慣などについて聞かれます。質問は、大きく 3 つのタイプに分けられます。

タイプ❶

A と B のどちらが好きか／好きな〜は何か（2 つあるいは複数のものの中から選ぶタイプ）

例 Which do you like better, dogs or cats?
犬と猫のどちらが好きですか。

例 Which season do you like the best?
一番好きな季節は何ですか。

タイプ❷

何をする［したい］か／どこに行きたいか（こと・もの・場所などを答えるタイプ）

例 What do you want to be in the future?
将来、何になりたいですか。

例 Which country do you want to visit?
どの国に行ってみたいですか。

タイプ❸

（ふだん）〜するか／〜するのは好きか（Yes/No で答えるタイプ）

例 Do you often help your family?
よく家族の手伝いをしますか。

例 Do you like to go shopping?
買い物に行くのは好きですか。

上の例からもわかるように、出題されるテーマは、あなたの好きなものやこと、行ってみたい場所、ふだんしていること、将来の希望といった、ごくありふれたものばかりです。

QUESTION の英文もやさしいので、きちんと読み、あなたが何について述べるよう求められているのか正しく把握しましょう。どんなに素晴らしい英文を書いても、テーマと無関係なことは採点の対象になりません。

2 英作文はこう書こう

解答の手順

　問題を読んで、すぐに答案を書き始めたくなりますが、ちょっと待ってください！　書くことはもう決まっていますか？

　英作文の問題では、答案を書き始める前に、大まかでよいので、書く内容を決めることが大切です。答案の大まかな流れを決めずに書き始めて途中で迷ったり書き直したりしたら、かえって時間のロスになるからです。急がば回れ。はじめに必ず答案のあらすじをメモするようにしてください。メモは自分にわかればOKですから、日本語でかまいません。メモに使う時間は4分を目安にしましょう。

　あらすじがメモできたら、それを元に答案を書きます。10分を目安に書きましょう。

　答案を書き終わったら、1分くらい使って見直します。主語と動詞が対応しているか、名詞の複数形のsを忘れていないか、スペルミスをしていないかといった点をチェックしましょう。

▶ 解答の手順

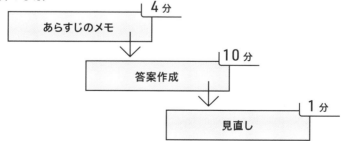

メモの作りかた

先ほど、まずあらすじをメモしましょうと言いましたね。具体的にはどんなメモをすればよいのでしょうか。

ここでは、Which do you like better, summer or winter? (夏と冬ではどちらのほうが好きですか) という問題について考えてみましょう。これは A か B かを選ぶタイプの問題ですから、まず summer (夏) か winter (冬) のどちらかの立場を選びます。

解答するとき、あなたがどちらの立場をとるかは、採点にまったく影響しません。「この問題には summer の立場で答えたほうが採点官の印象がよいかもしれない」といったことを考える必要はないですし、それが本当にあなたの考えであるかも、気にする必要はありません。英作文の問題は、**あなたの考えを知るためのものではなく、あなたが英語で自分の考えを説得力ある形で伝えることができるかを試験するためのものです。**あなたが書きやすい立場を選べばよいのです。

あなたは summer あるいは winter の立場をとる場合、どんな理由を考えますか?

summer	友だちと泳ぎに行ける
summer	花火を見るのが好き
winter	家族とスキーに行ける

仮に上の3つの理由が思い浮かんだとしましょう。2つの理由が書けるのは summer の立場ですね。だったら迷わず summer の立場で書きましょう。

Summer
友だちと泳ぎに行ける／花火を見るのが好き

答案の構成

　問題では、あなたの意見とその理由2つを述べること、語数の目安は25〜35語だということだけが指示されています。それぞれ、どんなことをどれくらいの分量で書けばよいのか見てみましょう。

▶ 答案の構成

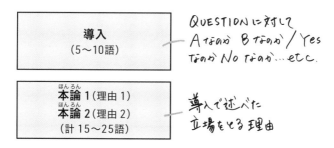

＊上記の語数の配分は目安です

　語数が多ければスコアが高くなるわけではありません。25語あれば十分です。

答案の書きかた

◉ 導入の書きかた

自分の立場とそれを説明する 2 つの理由が決まったら、いよいよ答案作成開始！ 第 1 文であなたの立場を示します。

タイプ ❶

Which do you like better, A or B? の質問
☛ **I like A**（または **B**）**better.**

Which A do you like the best? の質問
☛ **I like XXX the best.**

タイプ ❷

What do you want to do? の質問
☛ **I want to** *do* **〜.**

Where do you want to visit [go]? の質問
☛ **I want to visit [go to] XXX.**

タイプ ❸

Do you *do* 〜? の質問
☛ **Yes. I** *do* **〜. / No. I do not** *do* **〜.**

Do you like to *do* 〜? の質問
☛ **Yes. I like to** *do* **〜. / No. I do not like to** *do* **〜.**

タイプ❸の導入は、シンプルに **Yes, I do. / No, I do not.** だけでもかまいません。また、答案全体の語数が足りなくなりそうな場合は、このあとに **I have two reasons.**（2 つの理由があります）といったフレーズを加えるとよいでしょう。これで導入はできあがりです。

I like … better などで始める

🎧001

I like summer better. I have two reasons.

私は夏のほうが好きです。2 つの理由があります。

なお、英作文全体について言えることですが、英文ライティングでは短縮形の使用は避けたほうがよいでしょう。タイプ❸の質問に対する否定の立場で don't ではなく do not を使うのはそのためです。

◉ **本論の書きかた**

　導入の次は本論です。本論では、なぜあなたが導入で表明した立場をとるのか、「**2 つの理由**」を書きます。ここで説得力のある理由が書けるかが、答案の出来を決めます。

　具体的にどんな内容を書いたらよいかについては、Chapter 2 の「質問タイプ別コンテンツブロック 266」で詳しく紹介するので、ここでは形式的な面について見ておきましょう。

　本論は、基本的に 1 つの理由につき 1 文か 2 文でまとめましょう。2 つの理由を示す際、それぞれ **First**（第 1 に）、**Second**（第 2 に）で始めるのが一番簡単です。Second の代わりに **Also**（また）を使ってもかまいません。ただし、語数が足りなそうであれば、First の代わりに **To begin with** あるいは **First of all**（まず第 1 に）、Second の代わりに **In addition**（それに加えて）を使うこともできます。

2つの理由はそれぞれ
First, Second で始める

🎧002

> First, I can go swimming in the sea with my friends. Second, I like to see fireworks. They are very beautiful.
>
> 第 1 に、友だちと海に泳ぎに行くことができます。第 2 に、私は花火を見るのが好きです。それはとても美しいです。

　上の例では、2 つ目の理由で、I like to see fireworks.（私は花火を見るのが好きです）と述べたあと、2 文目に They are very beautiful.

（それはとても美しいです）と添えています。このように、2文目にシンプルな文を添えるだけで、語数が増え、理由の説得力も増します。

また、タイプ❸の質問にYesの立場をとり、「例えば」と具体例を挙げる場合はFirst,の代わりに**For example,**（例えば）で始めるとよいでしょう。

◉ 英作文問題の答案例

ここまで見てきた導入、本論をまとめると次のような答案ができあがります。答案例では構成を示すために段落分けをしていますが、実際の試験で段落を分ける必要はありません。

🎧003

I like summer better. I have two reasons. 〈導入
First, I can go swimming in the sea with my friends. 〈理由1
Second, I like to see fireworks. They are very beautiful. 〈理由2

訳 私は夏のほうが好きです。2つの理由があります。第1に、友だちと海に泳ぎに行くことができます。第2に、私は花火を見るのが好きです。それはとても美しいです。

3 お役立ちフレーズ

　ここでは、3 級の英作文で使えるお役立ちフレーズをご紹介しましょう。基本例文は多くの場面で使えるものばかりなので、丸ごと覚えてください。

1

基本例文　　　　　　　　　　　　　　　🎧004

I like to go to Shibuya to shop with my friends.

友だちと渋谷に買い物に行くのが好きです。

> 「〜するのが好きだ」は like to do、like doing のどちらで表すこともできます。3 級英作文で非常によく使う表現です。

🎧005

▷ **I like to** see fireworks. They are very beautiful.

　私は花火が好きです。それはとても美しいです。

▷ **I like** sing**ing** very much. Singing is my ideal job.

　私は歌うのが大好きです。歌うことは私の理想的な仕事です。

▷ **I like** cook**ing** omelets, and my parents **like to** eat my omelets.

　私はオムレツを作るのが好きで、親は私のオムレツを食べるのが好きです。

🎧006

Reading novels is a lot of fun.

小説を読むのはとても楽しいです。

〈*Doing* 〜 is ...〉は「〜することは…だ」という意味。動名詞を主語にする<ruby>動名詞<rt>どうめいし</rt></ruby>
構文で、... には<ruby>形容詞<rt>けいようし</rt></ruby>も<ruby>名詞<rt>めいし</rt></ruby>も入ります。動名詞は 3 人称単数扱いなので、
<ruby>動詞<rt>どうし</rt></ruby>の形に気をつけましょう。述語の部分には、be <ruby>動詞<rt>どうし</rt></ruby>以外の<ruby>動詞<rt>どうし</rt></ruby>を使う
こともできます。

🎧007

▷ Play**ing** video games with my friends **is** a lot of fun.

友だちとテレビゲームをするのはとても楽しいです。

▷ Walk**ing** my dog in the park on sunny days **is** fun.

晴れた日に公園で犬を散歩させるのは楽しいです。

▷ Walk**ing** around shops **makes** me very tired.

お店を歩き回るととても<ruby>疲<rt>つか</rt></ruby>れます。

＊ 〜 is (a lot of) fun という表現が出てきましたが、It is fun.（それは楽しいです）/ It is a lot
of fun.（それはとても楽しいです）と単独の文としても使えます。便利な表現なので、ぜひ覚え
ておいてください。

🎧008

By going abroad, I can talk with foreign people.

海外に行くことで、外国人と話すことができます。

〈By *doing*, 人 + can do 〜〉で「〜することで、人は…することができる」と
いう意味を表します。By *doing* を文の後半に置くこともできます。これも
英作文では<ruby>応用範囲<rt>はんい</rt></ruby>の広い表現です。

▷ **By** read**ing** books, I **can** learn a lot of new things.

本を読むことで、多くの新しいことを学ぶことができます。

▷ **By** read**ing** mystery novels, I **can** become smarter.

推理小説を読むことで、頭がよくなります。

▷ I **can** move around easily **by** us**ing** trains or buses.

電車やバスを使って簡単に移動できます。

4

基本例文 🎧010

When I play video games, I **can** relax.

テレビゲームをすると、リラックスできます。

> 〈When ＋主語 1 ＋動詞, 主語 2 ＋ can do 〜〉は「主語 1 が…するとき、主語 2 は〜することができる」という意味の構文です。上の例のように主語 1 と主語 2 が共通の場合も、異なる場合もあります。can の代わりに cannot を使えば「〜できない」の意味になります。when の代わりに if（〜すれば）を使うのも似たパターンです。

🎧011

▷ **When** I read fantasy novels, I **can** forget the real world.

ファンタジーを読むと、現実の世界を忘れることができます。

▷ **When** my room is clean, I **can** find things easily.

部屋がきれいだと、ものを簡単に見つけることができます。

▷ **When** it rains, I **cannot** use my bike.

雨が降ると、自転車を使えません。

文法のポイントを確認しよう

017 ページで触れた点のほか、英文を書くときには以下のような点に気をつけましょう。

■ 一般論（数えられるもの）には複数形を使おう

例 Big cities are convenient. I can shop at many stores.
大都市は便利です。多くのお店で買い物ができます。

■ want の後ろは不定詞／enjoy の後ろは動名詞を使おう

want と enjoy の後ろに来る動詞の形は決まっていますが、like の後ろではどちらも使えます。

例 I want to see Australian animals, such as kangaroos and koalas.
カンガルーやコアラなどのオーストラリアの動物を見たいです。

例 I can enjoy catching insects in the mountains.
山では虫とりが楽しめます。

■ 形容詞の形に注意しよう

interesting（面白い）と interested（興味を持った）、relaxing（リラックスさせる）と relaxed（リラックスした）のように、形が似ていて意味の違う形容詞は使い方にも注意が必要です。

例 The characters in comic books are interesting.
漫画の登場人物は面白いです。

I am interested in Chinese history. I want to visit the Great Wall.
私は中国の歴史に興味があります。万里の長城に行きたいです。

例 I like the sound of waves. It is relaxing.
私は波の音が好きです。リラックスできます。

When I hold my cat, I feel relaxed.
私の猫を抱いているとリラックスできます。

■ 前置詞の後ろに来る動詞は ing 形

お役立ちフレーズ 3 の by *doing* もこの形です。

例 After playing video games, I can talk about them with my friends.
テレビゲームをしたあと、それについて友だちと話すことができます。

Chapter 2

質問タイプ別
コンテンツブロック 266

英文のカタマリ（コンテンツブロック）266個を、
3つの質問タイプ別にまとめています。
これらを頭に入れておけば、
そのまま使ったり、少しアレンジしたりして、
さまざまなテーマに対応することができます。

質問タイプ❶ ＡとＢのどちらが好きか／好きな〜は何か

２つあるいは複数のものの中から選ぶタイプの問題です。

◉ ＡとＢのどちらが好きか

　３級ライティングでもっともよく出題されるタイプの問題です。これまで、「自然と都市」「水泳とスキー」「読書とテレビゲーム」「家にいることと外で遊ぶこと」「友だちと話すことと家族と話すこと」といった問題が出題されていますが、「晴れと雨」「海と山」「犬と猫（ねこ）」「海外旅行と国内旅行」「平日と週末」「内食と外食」「ごはんとパン」「夏休みと冬休み」「スポーツをすることとスポーツを見ること」といったテーマも考えられるでしょう。

◉ 好きな〜は何か

　あなたの好みを問うタイプも出題される可能性が高いです。季節、月、曜日や、食べ物、動物、科目、本や映画の種類、スポーツ、飼いたいペットなどについて問われたときに何を選ぶか、考えておきましょう。

　なお、例えば、好きな季節についていくつかアイデアを用意しておけば、「夏休みと冬休みのどちらが好きですか」という問題にも同じ理由を使って答えることができます。

👉 英作文で使える Words & Phrases

リラックスする	relax / feel relaxed
釣りをする／釣りに行く	fish / go fishing
キャンプに行く	go camping
買い物をする／買い物に行く	shop / go shopping
写真を撮る	take a picture [photo]
本を借りる	borrow books
テレビゲームをする	play video games
飼い犬を散歩させる	walk *one's* dog
飼い猫の世話をする	take care of *one's* cat
外国を旅行する	travel abroad
外国人と話をする	talk with foreign people
日本の歴史に興味がある	be interested in Japanese history
漫画を読む	read comic books
好きなときに休む	rest whenever *one* likes
温暖な気候を楽しむ	enjoy mild [warm] weather
海に泳ぎに行く	go swimming in the sea
花火を見る	see fireworks
外国の文化について学ぶ	learn about foreign cultures
バスケットボールが得意だ	be good at basketball
いろいろな種類のすしを楽しむ	enjoy various kinds of sushi
現実の世界を忘れる	forget the real world

質問タイプ別コンテンツブロック266

自然と大都市、どちらが好き？

自然の立場

1 1 さわやかな気分になる　🎧 012

I feel refreshed in nature. It is good for my health.

> 🔑 **refreshed** さわやかな　**health** 健康

[訳] 自然の中ではさわやかな気分になります。それは健康によいです。

1 2 人が少ない　🎧 013

There are fewer people in nature. It is relaxing.

> 🔑 **fewer** より少ない　**relaxing** リラックスする (ような)

[訳] 自然の中のほうが人が少ないです。リラックスできます。

1 3 海に泳ぎに行く　🎧 014

I go swimming in the sea in summer. It is fun.

> 🔑 **fun** 楽しいこと

[訳] 私は夏、海に泳ぎに行きます。それは楽しいです。

1 4 山にキャンプに行く　🎧 015

I like to go camping in the mountains. It is enjoyable.

> 🔑 **enjoyable** 楽しい

[訳] 私は山にキャンプに行くのが好きです。それは楽しいです。

1 5 川で釣りをする　🎧 016

I like to go to the river. I fish there.

> 🔑 **fish** 釣りをする

[訳] 私は川に行くのが好きです。そこで釣りをします。

大都市の立場

1 6 買い物ができて便利だ 🎧 017

Big cities are convenient. I can shop at many stores.

📝 convenient 便利な　shop 買い物をする

[訳] 大都市は便利です。多くのお店で買い物ができます。

1 7 移動が楽だ 🎧 018

I can move around easily by using trains or buses.

📝 move around (あちこち)移動する　easily 簡単に

[訳] 電車やバスを使って簡単に移動できます。

1 8 おいしいレストランがたくさんある 🎧 019

There are a lot of good restaurants in big cities.

[訳] 大都市にはおいしいレストランがたくさんあります。

1 9 ライブコンサートがたくさんある 🎧 020

I like music. There are a lot of live concerts in big cities.

📝 live concert ライブコンサート

[訳] 私は音楽が好きです。大都市ではライブコンサートがたくさんあります。

1 10 病院が多くて安心だ 🎧 021

There are more hospitals in big cities, so I feel safer.

[訳] 大都市のほうが病院が多いので、より安心です。

読書とテレビゲーム、どちらが好き?

読書の立場

1 11 小説を読むのは楽しい 🎧 022

I like novels. Reading novels is a lot of fun.

> 🔑 novel 小説　fun 楽しいこと

[訳] 私は小説が好きです。小説を読むのはとても楽しいです。

1 12 新しいことを学べる 🎧 023

By reading books, I can learn many new things.

[訳] 本を読むことで、多くの新しいことを学ぶことができます。

1 13 読んだ本について話ができる 🎧 024

I can talk with my friends about books we read. It is enjoyable.

> 🔑 enjoyable 楽しい

[訳] 読んだ本について友だちと話すことができます。それは楽しいです。

1 14 リラックスできる 🎧 025

When I read a book, I can relax.

> 🔑 relax リラックスする

[訳] 本を読むとリラックスできます。

1 15 図書館で借りられる 🎧 026

I can borrow books from the library. It costs no money.

> 🔑 borrow ～を借りる　cost〈お金〉がかかる

[訳] 図書館から本を借りることができます。そうすればお金がかかりません。

テレビゲームの立場

16 友だちと遊べる 🎧 027

Playing video games with my friends is a lot of fun.

🎮 video game テレビゲーム

[訳] 友だちとテレビゲームをするのはとても楽しいです。

17 多くのことが学べる 🎧 028

By playing video games, I can learn a lot of things.

[訳] テレビゲームをすることで、多くのことを学ぶことができます。

18 ストーリーの面白いゲームがある 🎧 029

Some video games have really interesting stories.

[訳] ストーリーが非常に面白いテレビゲームもあります。

19 リラックスできる 🎧 030

When I play video games, I can relax.

[訳] テレビゲームをすると、リラックスできます。

20 友だちとの話題ができる 🎧 031

After playing video games, I can talk about them with my friends.

[訳] テレビゲームをしたあと、それについて友だちと話すことができます。

Chapter

1

2

3

質問タイプ別コンテンツブロック266

033

晴れと雨、どちらが好き？

晴れの立場

1 21 友だちとピクニックに行ける　🎧 032

I can go on a picnic with my friends on sunny days.

> 🔑 **go on a picnic** ピクニックに行く　**sunny**（よく）晴れた

［訳］晴れた日は友だちとピクニックに行くことができます。

1 22 公園で友だちとサッカーをする　🎧 033

I play soccer in the park with my friends on sunny days.

［訳］晴れた日は公園で友だちとサッカーをします。

1 23 よい写真が撮れる　🎧 034

I like taking pictures. I can take good pictures outside on sunny days.

> 🔑 **take a picture** 写真を撮る

［訳］私は写真を撮るのが好きです。晴れた日には外でよい写真を撮ることができます。

1 24 散歩に出かけるのが好きだ　🎧 035

I like going for walks. I often walk in the park on sunny days.

> 🔑 **go for a walk** 散歩に出かける

［訳］私は散歩に出かけるのが好きです。晴れた日はよく公園を散歩します。

1 25 犬の散歩は楽しい　🎧 036

Walking my dog in the park on sunny days is fun.

> 🔑 **walk** 〜を散歩させる　**fun** 楽しいこと

［訳］晴れた日に公園で犬を散歩させるのは楽しいです。

雨の立場

1 26 傘が使える 🎧 037

I have a good umbrella. I can use it on rainy days.

🔎 **rainy** 雨の（降る）

［訳］私はすてきな傘を持っています。雨の日にはそれを使うことができます。

1 27 掃除をするよい機会だ 🎧 038

Rainy days are a good chance to clean my room.

🔎 **chance** チャンス、機会　**clean** 〜を掃除する

［訳］雨の日は私の部屋を掃除するよい機会です。

1 28 暑い天気が好きではない 🎧 039

I do not like hot weather. It is cooler on rainy days.

🔎 **weather** 天候　**cool** 涼しい

［訳］私は暑い天気が好きではありません。雨の日のほうが涼しいです。

1 29 友だちとテレビゲームをする 🎧 040

I play video games with my friends on rainy days.

🔎 **video game** テレビゲーム

［訳］雨の日は友だちとテレビゲームをします。

1 30 雨の音が好きだ 🎧 041

I like the sound of rain. When I hear it, I feel calm.

🔎 **sound** 音　**calm** 落ち着いた

［訳］雨の音が好きです。それを聞くと落ち着きます。

犬と猫、どちらが好き？

犬の立場

1 31 私の犬はかわいい　　　　　　　　　　　　🎧 042

My dog is very cute. I feel happy when I am with him.

> 🔈 cute かわいい

[訳] 私の犬はとてもかわいいです。彼と一緒にいると、私は幸せを感じます。

1 32 私の犬は私のことが好きだ　　　　　　　　🎧 043

My dog likes me. When I play with her, she looks happy.

> 🔈 look ～のように見える

[訳] 私の犬は私のことが好きです。私が彼女と遊ぶと、彼女は幸せそうです。

1 33 賢い　　　　　　　　　　　　　　　　　　🎧 044

Dogs are smart. It is fun to play with them.

> 🔈 smart 利口な、賢い　fun 楽しいこと

[訳] 犬は賢いです。犬と遊ぶのは楽しいです。

1 34 一緒に走るのは楽しい　　　　　　　　　　🎧 045

Dogs like running. It is fun to run with them.

[訳] 犬は走るのが好きです。犬と一緒に走るのは楽しいです。

1 35 頼りになる　　　　　　　　　　　　　　　🎧 046

Dogs are reliable. I feel safe when they are with me.

> 🔈 reliable 信頼できる、頼りになる

[訳] 犬は頼りになります。一緒にいてくれると安心です。

猫の立場

1 36 私の猫はかわいい　🎧 047

My cat is very cute. I feel happy when I am with him.

[訳] 私の猫はとてもかわいいです。彼と一緒にいると、私は幸せを感じます。

1 37 抱いているとリラックスできる　🎧 048

When I hold my cat, I feel relaxed.

🔑 relaxed リラックスした

[訳] 私の猫を抱いているとリラックスできます。

1 38 散歩させる必要がない　🎧 049

It is not necessary to walk cats. It is easier.

🔑 necessary 必要な　walk 〜を散歩させる　easy 楽な

[訳] 猫は散歩させる必要がありません。そのほうが楽です。

1 39 世話が楽だ　🎧 050

It is OK to leave cats alone. Taking care of them is easy.

🔑 leave A alone A を一人にしておく　take care of 〜を世話する

[訳] 猫は放っておいても大丈夫です。世話が楽です。

1 40 吠えたり騒いだりしない　🎧 051

Cats do not bark or make a lot of noise. They do not bother the neighbors.

🔑 bark 吠える　make a noise 騒音を出す　bother 〜に迷惑をかける　neighbor 近所の人

[訳] 猫は吠えたり大騒ぎしたりしません。彼らは近所迷惑になりません。

質問タイプ別コンテンツブロック266

海外旅行と国内旅行、どちらが好き？

海外旅行の立場

1 41 新しいものを見ることができる 🎧 052

When I am abroad, I can see many new things. It is exciting.

🔑 **abroad** 海外に［で］　**exciting** わくわくする（ような）

［訳］海外にいると、多くの新しいものを見ることができます。わくわくします。

1 42 日本が安全だと気づく機会になる 🎧 053

Going abroad is a good chance to realize that Japan is safe.

🔑 **chance** チャンス、機会　**realize** ～に気づく　**safe** 安全な

［訳］海外に行くことは、日本が安全だと気づくよい機会です。

1 43 本物のエスニック料理が食べられる 🎧 054

I like ethnic food. I can enjoy real ethnic food in foreign countries.

🔑 **ethnic** エスニックの　**real** 本物の　**foreign** 外国の

［訳］私はエスニック料理が好きです。外国では本物のエスニック料理が楽しめます。

1 44 外国人と話ができる 🎧 055

By going abroad, I can talk with foreign people. It is interesting.

［訳］海外に行くことで、外国人と話すことができます。それは面白いです。

1 45 多くのものを安く買える 🎧 056

I can buy many things at low prices in Asian countries.

🔑 **at low prices** 安価で、安く　**Asian** アジアの

［訳］アジア諸国では多くのものを安く買うことができます。

国内旅行の立場

1 46 英語が得意ではない　🎧 057

I am not good at English, so I cannot travel abroad comfortably.

　🔑 **be good at** ～が得意だ　**travel** 旅行する　**comfortably** 快適に

［訳］私は英語が得意ではないので、快適に海外旅行ができません。

1 47 日本には訪れるべき素晴らしい場所が多い　🎧 058

There are a lot of great places to visit in Japan.

［訳］日本には訪れるべき素晴らしい場所がたくさんあります。

1 48 日本を旅行するほうが安い　🎧 059

It is cheaper to travel in Japan. I cannot afford to travel abroad.

　🔑 **cheap** 安い　**afford to** *do* ～する（金銭的な）余裕がある

［訳］日本を旅行するほうが安いです。私は海外旅行をする余裕がありません。

1 49 日本の歴史に興味がある　🎧 060

I am interested in Japanese history. I want to visit historic sites in Japan.

　🔑 **be interested in** ～に興味がある　**historic site** 史跡

［訳］私は日本の歴史に興味があります。日本の史跡に行きたいです。

1 50 飛行機が好きではない　🎧 061

I do not like planes. I can go almost everywhere in Japan by car.

　🔑 **everywhere** どこでも

［訳］私は飛行機が好きではありません。日本のほとんどどこへでも車で行けます。

家にいるのと外で遊ぶの、どちらが好き？

家にいるの立場

1 51 家族とテレビを見るのは楽しい　　　　　　　　🎧 062

Watching TV with my family at home is enjoyable.

> 🔑 enjoyable 楽しい

[訳] 家で家族と一緒にテレビを見るのは楽しいです。

1 52 家族との会話が楽しめる　　　　　　　　🎧 063

At home, I can enjoy talking with my family.

> 🔑 enjoy *doing* ～することを楽しむ

[訳] 家では、家族との会話を楽しむことができます。

1 53 部屋で漫画を読むのが好きだ　　　　　　　　🎧 064

I like to read comic books in my room.

> 🔑 comic book 漫画

[訳] 私は自分の部屋で漫画を読むのが好きです。

1 54 リラックスできる　　　　　　　　🎧 065

At home, I can relax all day long.

> 🔑 relax リラックスする　all day long 一日中

[訳] 家では、一日中リラックスできます。

1 55 好きなときに休める　　　　　　　　🎧 066

At home, I can rest whenever I like.

> 🔑 rest 休憩する　whenever ～するときはいつでも

[訳] 家では、いつでも好きなときに休むことができます。

1 56 天気を気にする必要がない　　　　　　　　🎧 067

At home, I do not have to worry about the weather.

> 🔑 do not have to *do* ～する必要はない　worry 心配する　weather 天候

[訳] 家では、天気を気にする必要はありません。

外で遊ぶの立場

1 57 健康的だ ⌂ 068

Playing outside is healthier than staying at home.

> outside 外で healthy 健康な

[訳] 外で遊ぶことは家にいるよりも健康的です。

1 58 新鮮な空気を吸うことができる ⌂ 069

I can breathe fresh air outside. It is refreshing.

> breathe ～を吸う fresh 新鮮な refreshing リフレッシュできる（ような）

[訳] 外では新鮮な空気を吸うことができます。リフレッシュできます。

1 59 友だちとサッカーをすることができる ⌂ 070

I like soccer. I can play it with my friends.

[訳] 私はサッカーが好きです。友だちとサッカーをすることができます。

1 60 花を見て楽しむことができる ⌂ 071

I like flowers. I can enjoy looking at them.

[訳] 私は花が好きです。私はそれらを見て楽しむことができます。

1 61 新しいものを見つけることができる ⌂ 072

I can find a lot of new things outside. It is exciting.

> exciting わくわくする（ような）

[訳] 外では、多くの新しいものを見つけることができます。それはわくわくします。

1 62 家がせまくて遊べない ⌂ 073

My house is too small to play in.

[訳] 私の家はせますぎて遊ぶことができません。

友だちと話すのと家族と話すの、どちらが好き？

友だちの立場

1 63 親友には何でも話せる 　　　　　　　　　　　　　　🎧 074

I have some good friends. I can talk to them about anything.

　　🔊 **anything** 何でも

［訳］私には何人かの親友がいます。私は何でも彼らに話すことができます。

1 64 リラックスできる 　　　　　　　　　　　　　　🎧 075

When I am talking with my friends, I can relax more.

　　🔊 **relax** リラックスする

［訳］友だちと話しているときのほうが、リラックスできます。

1 65 テレビドラマの話をするのは楽しい 　　　　　　　　🎧 076

I often talk about TV dramas with my friends. It is fun.

　　　🔊 **fun** 楽しいこと

［訳］私はよく友だちとテレビドラマについて話します。それは楽しいです。

1 66 多くのことが学べる 　　　　　　　　　　　　　　🎧 077

By talking with my friends, I can learn many things.

［訳］友だちと話すことで、多くのことを学ぶことができます。

1 67 家族の問題について話せる 　　　　　　　　　　　　🎧 078

I can talk about family problems with my friends.

　　🔊 **problem** 問題

［訳］家族の問題について友だちと話すことができます。

家族の立場

1 68 リラックスできる　　　🎧 079

When I am with my family members, I can relax more.

［訳］家族と一緒にいるときのほうが、リラックスできます。

1 69 話題が多い　　　🎧 080

I have more things to talk about with my family members.

［訳］家族とのほうが多くの話題があります。

1 70 姉が好きだ　　　🎧 081

I like my sister. We often talk about cooking.

［訳］私は姉が好きです。私たちはよく料理の話をします。

1 71 弟には何でも話せる　　　🎧 082

I can talk to my brother about anything. I cannot do so with my friends.

［訳］私は弟には何でも話すことができます。友だちにはできません。

1 72 家族と話すと嫌なことを忘れる　　　🎧 083

When I talk with my family, I can forget unpleasant things.

🔑 forget ～を忘れる　unpleasant 不愉快な、嫌な

［訳］家族と話すと、嫌なことを忘れてしまいます。

好きな季節は？

春の立場

1 73 多くの種類の花が見られる　🎧 084

I like flowers. I can see many kinds of flowers in spring.

> 📝 many kinds of 多くの種類の〜

［訳］私は花が好きです。春には多くの種類の花が見られます。

1 74 温暖な気候を楽しめる　🎧 085

We can enjoy mild weather in spring. It is comfortable.

> 📝 mild 温暖な　weather 天候　comfortable 快適な

［訳］春は温暖な気候が楽しめます。快適です。

1 75 新しいことを始めるのによい　🎧 086

Spring is a good season to start new things.

［訳］春は新しいことを始めるのによい季節です。

夏の立場

1 76 友だちと海に泳ぎに行ける　🎧 087

I can go swimming in the sea with my friends.

［訳］友だちと海に泳ぎに行くことができます。

1 77 花火を見るのが好きだ　🎧 088

I like to see fireworks. They are very beautiful.

> 📝 fireworks 花火

［訳］私は花火を見るのが好きです。それはとても美しいです。

1 78 夏休みに家族旅行に行く　🎧 089

My family usually goes on a trip during summer vacation.

> 📝 go on a trip 旅行に行く

［訳］私の家族はふつう、夏休みに旅行に行きます。

秋の立場

1 79 紅葉を見るのが好きだ　🎧 090

I like to see red leaves in fall. They are very beautiful.

🔊 red leaves 紅葉

[訳] 秋に紅葉を見るのが好きです。それはとても美しいです。

1 80 果物や野菜がおいしい　🎧 091

Fruits and vegetables are delicious in fall.

🔊 delicious おいしい

[訳] 秋は果物や野菜がおいしいです。

1 81 本を読むのによい　🎧 092

I like reading. Fall is a good season to read books.

[訳] 私は読書が好きです。秋は本を読むのによい季節です。

冬の立場

1 82 家族とスキーに行ける　🎧 093

I can go skiing with my family in winter.

[訳] 冬は家族と一緒にスキーに行くことができます。

1 83 雪が降るのを見るのが好きだ　🎧 094

I like to see snow falling. It is very beautiful.

🔊 see A doing A が〜するのを見る

[訳] 雪が降るのを見るのが好きです。それはとても美しいです。

1 84 クリスマスとお正月が楽しめる　🎧 095

I can enjoy Christmas and the New Year. They are a lot of fun.

🔊 fun 楽しいこと

[訳] クリスマスとお正月が楽しめます。とても楽しいです。

好きな曜日は？

日曜日の立場

1 85 友だちとサッカーをする

🎧 096

I usually play soccer with my friends on Sundays. It is fun.

> 🔍 fun 楽しいこと

[訳] 私はふつう、日曜日に友だちとサッカーをします。それは楽しいです。

1 86 母と買い物に行く

🎧 097

I go shopping with my mother on Sundays.

[訳] 私は日曜日に母と買い物に行きます。

1 87 リラックスできる

🎧 098

I am busy on weekdays. I can relax on Sundays.

> 🔍 relax リラックスする

[訳] 平日は忙しいです。日曜日はリラックスできます。

1 88 友だちと釣りに行く

🎧 099

I go fishing with my friends on Sundays. It is fun.

[訳] 私は日曜日に友だちと釣りに行きます。それは楽しいです。

1 89 遅く起きることができる

🎧 100

I can get up late on Sundays. It is nice.

[訳] 日曜日は遅く起きることができます。それはすてきです。

金曜日の立場

1 90 ピアノのレッスンがある　　　　　　　　　　　　　🎧 101

I take piano lessons on Fridays. I like them.

🔑 **take a lesson** レッスンを受ける

［訳］私は金曜日にピアノのレッスンを受けます。私はそれが好きです。

1 91 放課後、友だちとテニスをする　　　　　　　　　　🎧 102

I usually play tennis with my friends after school on Fridays. It is fun.

［訳］私はふつう、金曜日の放課後、友だちとテニスをします。それは楽しいです。

1 92 好きなテレビ番組がある　　　　　　　　　　　　　🎧 103

There is a TV show that I like on Friday nights.

🔑 **TV show** テレビ番組

［訳］金曜の夜に好きなテレビ番組があります。

1 93 週末の直前だ　　　　　　　　　　　　　　　　　　🎧 104

Friday is the last day before the weekend. It is exciting.

［訳］金曜日は週末の直前の日です。わくわくします。

1 94 よくレストランに行く　　　　　　　　　　　　　　🎧 105

My family often goes to restaurants on Fridays.

［訳］私の家族は金曜日によくレストランに行きます。

好きな科目は？

英語の立場

1 95 英語の歌が好きだ　　　　　　　　　　　　　　🎧106

I like English songs. I study English to understand my favorite songs.

favorite 大好きな、お気に入りの

[訳] 私は英語の歌が好きです。自分の好きな歌を理解するために英語を勉強します。

1 96 外国の文化について学べる　　　　　　　　　　🎧107

I can learn about foreign cultures through English. It is interesting.

foreign 外国の、外国人の　　**culture** 文化　　**through** 〜を通して

[訳] 英語を通して外国の文化について学ぶことができます。それは面白いです。

1 97 外国人の友だちを作りたい　　　　　　　　　　🎧108

I want to make foreign friends, so learning English is necessary.

necessary 必要な

[訳] 私は外国人の友だちを作りたいので、英語を学習する必要があります。

理科の立場

1 98 実験をするのが好きだ　　　　　　　　　　　　🎧109

I like to do experiments. They are very interesting.

experiment 実験

[訳] 私は実験をするのが好きです。それはとても面白いです。

1 99 動物について学べる　　　　　　　　　　　　　🎧110

I like animals. By studying science, I can learn about them.

science 理科、科学

[訳] 私は動物が好きです。理科を勉強することで、動物について学ぶことができます。

1 100 将来宇宙に行きたい　　　　　　　　　　　　🎧111

I want to go into space in the future. Studying science is important.

go into space 宇宙に行く

[訳] 将来は宇宙に行きたいです。理科を勉強することは重要です。

歴史の立場

1 101 坂本龍馬について学べる　🎧 112

I like Ryoma Sakamoto. It is interesting to learn about him.

[訳] 坂本龍馬が好きです。彼について学ぶのは面白いです。

1 102 城に興味がある　🎧 113

I am interested in castles. I can learn about them in history class.

🔑 be interested in ～に興味がある　castle 城

[訳] お城に興味があります。歴史の授業でお城について学ぶことができます。

1 103 現代の世界を理解するために重要だ　🎧 114

Learning about past things is important to understand the modern world.

🔑 past 過去の　modern 現代の

[訳] 過去のことを学ぶことは、現代の世界を理解するために重要です。

体育の立場

1 104 運動するのが好きだ　🎧 115

I like to exercise. P.E. classes are exciting.

🔑 exercise 運動する　P.E.(=physical eduction) 体育　exciting わくわくする（ような）

[訳] 私は運動するのが好きです。体育の授業はわくわくします。

1 105 バスケットボールが得意だ　🎧 116

I am good at basketball. I am the best player in my class.

🔑 be good at ～が得意だ

[訳] 私はバスケットボールが得意です。私はクラスで一番うまい選手です。

1 106 勉強は嫌いだが体育の授業は楽しい　🎧 117

I do not like to study, but I enjoy P.E. class.

[訳] 勉強は好きではありませんが、体育の授業は楽しいです。

好きな食べ物は？

ピザの立場

1 107 種類が多い　　　　　　　　　　　　　　　　　　　　🎧 118

There are many kinds of pizza. I like seafood pizza the best.

> 🔑 many kinds of 多くの種類の〜　seafood シーフード

[訳] ピザには多くの種類があります。私はシーフードピザが一番好きです。

1 108 配達してもらえる　　　　　　　　　　　　　　　　　　🎧 119

Pizza can be delivered. It is very convenient.

> 🔑 deliver 〜を配達する　convenient 便利な

[訳] ピザは配達してもらうことができます。それはとても便利です。

1 109 チーズとトマトソースが好きだ　　　　　　　　　　　　🎧 120

I like cheese and tomato sauce. Pizza is delicious.

> 🔑 sauce ソース　delicious おいしい

[訳] チーズとトマトソースが好きです。ピザはおいしいです。

すしの立場

1 110 いろいろな種類のすしが楽しめる　　　　　　　　　　🎧 121

We can enjoy various kinds of sushi. I like tuna the best.

> 🔑 various kinds of いろいろな種類の〜　tuna マグロ

[訳] いろいろな種類のすしが楽しめます。私はマグロが一番好きです。

1 111 家族でときどきすし屋に行く　　　　　　　　　　　　🎧 122

My family sometimes goes to a sushi restaurant on weekends.

[訳] 私の家族は週末にときどきすし屋に行きます。

1 112 お酢が使われていて健康によい　　　　　　　　　　　🎧 123

Vinegar is used to make sushi. It is healthy.

> 🔑 vinegar 酢　healthy 健康によい

[訳] すしを作るのにお酢を使います。それは健康によいです。

カレーの立場

1 113 いろいろな種類のカレーが楽しめる　🎧 124

We can enjoy various kinds of curry. I like beef curry the best.

[訳] いろいろな種類のカレーが楽しめます。私はビーフカレーが一番好きです。

1 114 健康によい　🎧 125

There are onions, carrots, potatoes, and meat in curry. It is healthy.

[訳] カレーには玉ねぎやにんじん、じゃがいも、肉が入っています。健康によいです。

1 115 辛いものが好きだ　🎧 126

I like spicy food. Even if I am sick, I can eat curry.

🔑 spicy 辛い、スパイシーな　even if たとえ〜でも

[訳] 私は辛いものが好きです。病気でもカレーなら食べられます。

アイスクリームの立場

1 116 いろいろな味のアイスクリームが楽しめる　🎧 127

We can enjoy various flavors of ice cream. I like vanilla the best.

🔑 flavor 風味　vanilla バニラ

[訳] いろいろな味のアイスクリームが楽しめます。私はバニラが一番好きです。

1 117 写真映えする　🎧 128

I like to take photos of colorful ice cream. It is a perfect dessert.

🔑 take a photo 写真を撮る　colorful カラフルな　perfect 完ぺきな　dessert デザート

[訳] 私はカラフルなアイスクリームの写真を撮るのが好きです。それは完ぺきなデザートです。

1 118 リラックスできる　🎧 129

When I eat ice cream, I can relax.

🔑 relax リラックスする

[訳] アイスクリームを食べるとリラックスできます。

コンテンツブロック

好きな本の種類は？

ファンタジーの立場

1 119 現実の世界を忘れることができる　🎧 130

When I read fantasy novels, I can forget the real world.

> 🔑 **fantasy novel** ファンタジー（小説）　**forget** ～を忘れる　**real** 現実の

[訳] ファンタジーを読むと、現実の世界を忘れることができます。

1 120 登場人物が好きだ　🎧 131

I like the characters in fantasy novels. They are very interesting.

> 🔑 **character** 登場人物

[訳] 私はファンタジーの登場人物が好きです。彼らはとても面白いです。

1 121 現実の世界ではできないことを体験できる　🎧 132

By reading fantasy novels, I can experience what I cannot in the real world.

> 🔑 **experience** ～を体験する、経験する

[訳] ファンタジーを読むことで、現実の世界ではできないことを体験することができます。

推理小説の立場

1 122 頭がよくなる　🎧 133

By reading mystery novels, I can become smarter.

> 🔑 **mystery novel** 推理小説　**smart** 賢い

[訳] 推理小説を読むことで、頭がよくなります。

1 123 結末を当てるのは面白い　🎧 134

Trying to guess the ending is a lot of fun.

> 🔑 **guess** 〈答えなど〉を言い当てる　**ending** 結末　**fun** 楽しいこと

[訳] 結末を当てようとするのは、とても楽しいです。

1 124 わくわくする　🎧 135

Mystery novels are exciting. I sometimes sit up all night reading them.

> 🔑 **exciting** わくわくする（ような）　**sit up** 起きている　**all night** 一晩中

[訳] 推理小説はわくわくします。一晩中起きていて読んでしまうこともあります。

料理本の立場

1 125 おいしい料理を食べるのを想像するのが好きだ 🎧 136

I like to imagine eating delicious foods.

🔑 imagine ～を想像する　delicious おいしい

[訳] おいしい料理を食べることを想像するのが好きです。

1 126 異なる文化の料理について学べる 🎧 137

I can learn about food from other cultures.

🔑 culture 文化

[訳] 異なる文化の料理について学ぶことができます。

1 127 健康によい料理の作りかたがわかる 🎧 138

Cookbooks teach me how to make healthy food.

🔑 healthy 健康によい

[訳] 料理本は健康によい料理の作りかたを教えてくれます。

漫画の立場

1 128 読むのに時間がかからない 🎧 139

It does not take a long time to read comic books.

🔑 take 〈時間〉がかかる　comic book 漫画

[訳] 漫画を読むのにはそれほど時間はかかりません。

1 129 登場人物が面白い 🎧 140

The characters in comic books are interesting.

[訳] 漫画の登場人物は面白いです。

1 130 いろいろな漫画がある 🎧 141

There are various comic books. I can enjoy many stories.

🔑 various さまざまな

[訳] いろいろな漫画があります。多くの話が楽しめます。

質問タイプ❷ 何をする［したい］か／どこに行きたいか

こと・もの・場所などを答えるタイプの問題です。

◉ 何をする［したい］か

あなたが「ひまなとき」や「週末」「夏休み／冬休み」などに何をするか、あるいはしたいかを問う問題が出題されます。また将来なりたい職業について問われる可能性もあるでしょう。選択肢がないので何を挙げてもいいのですが、その場で考えようとしてもよいアイデアが浮かばないかもしれません。このタイプの問題が出たときには、こう答えようという案をいくつか考えておくと安心です。

◉ どこに行きたいか

「どこ（あるいはどの国・都市）に行きたいか」と場所を問う問題も出題されたことがあります。外国と国内（の都市）について、行きたい場所とその理由を考えておけば、このタイプの問題にもあわてることなく答えることができます。国名や都市名などは、つづりを間違わずに書けるようにしておきましょう。

動物にえさをやる	give animals food
山頂からの眺め	the view from the mountaintop
寺院や神社［史跡］を訪れる	visit temples and shrines [historic sites]
メジャーリーグの試合を見る	watch Major League Baseball games
自由の女神像を見る	see the Statue of Liberty
（オーストラリアの）エアーズロック	Ayers Rock
本場の中華料理を食べる	eat real Chinese food
ライブコンサートに行く	go to a live concert
ユニバーサルスタジオジャパンに行く	go to Universal Studios Japan
遊園地	an amusement park
英語のスキルを使う	use *one's* English skills
テレビゲームを作る	create a video game
病気の人を支援する	support sick people
一人でいる	be by *oneself*
YouTube を見る	watch YouTube
新しい動画を投稿する	post a new video
推理［ファンタジー／恋愛／ SF］小説	a mystery [fantasy / romance / sci-fi] novel
料理本	a cookbook
バンドに所属している	be in a band
散歩する	take a walk

Chapter

1

2

3

質問タイプ別コンテンツブロック266

行きたい場所は？

海の立場

2 1 泳ぐことができる　　　　　　　　　　　🎧 142

I can swim in the sea. I like swimming.

[訳] 海で泳ぐことができます。私は水泳が好きです。

2 2 波の音が好きだ　　　　　　　　　　　　🎧 143

I like the sound of waves. It is relaxing.

> 🔑 sound 音　wave 波　relaxing リラックスする（ような）

[訳] 私は波の音が好きです。リラックスできます。

2 3 釣りやサーフィンは楽しい　　　　　　　🎧 144

Fishing and surfing are a lot of fun.

> 🔑 surfing サーフィン　fun 楽しいこと

[訳] 釣りやサーフィンはとても楽しいです。

山の立場

2 4 涼しくて快適だ　　　　　　　　　　　　🎧 145

It is cool in the mountains. It is comfortable.

> 🔑 comfortable 快適な

[訳] 山の中は涼しいです。それは快適です。

2 5 山頂からの眺めがよい　　　　　　　　　🎧 146

The view from the mountaintop is really good.

> 🔑 view 眺め　mountaintop 山頂

[訳] 山頂からの眺めは本当によいです。

2 6 虫とりが楽しめる　　　　　　　　　　　🎧 147

I can enjoy catching insects in the mountains.

> 🔑 enjoy *doing* ～することを楽しむ　catch ～を捕まえる　insect 虫

[訳] 山では虫とりが楽しめます。

動物園の立場

2 7 動物が好きだ 🎧 148

I like animals, such as pandas. I can watch them at the zoo.

> 🔑 such as ～のような

[訳] 私はパンダのような動物が好きです。動物園ではそうした動物を見ることができます。

2 8 スタッフが面白いことを教えてくれる 🎧 149

The zoo staff teaches interesting things about the animals.

> 🔑 staff スタッフ

[訳] 動物園のスタッフは動物について面白いことを教えてくれます。

2 9 動物にえさがやれる 🎧 150

I can give animals food at some zoos.

[訳] 動物園の中には動物にえさをやれるところもあります。

おばのいる京都の立場

2 10 たくさん話ができる 🎧 151

When I see my aunt, we talk a lot, and I enjoy it.

[訳] おばに会うと、たくさん話をするのが楽しいです。

2 11 寺院や神社に行ける 🎧 152

I can visit temples and shrines with my aunt.

> 🔑 temple 寺　shrine 神社

[訳] おばと一緒に寺院や神社に行くことができます。

2 12 お祭りが楽しめる 🎧 153

I can enjoy many festivals in Kyoto in summer.

> 🔑 festival 祭り

[訳] 京都では、夏に多くのお祭りを楽しむことができます。

行きたい国は？

アメリカの立場

² 13 英語を話したい
🎧 154

I like English. I want to speak it in the U.S.

[訳] 私は英語が好きです。アメリカで話したいです。

² 14 メジャーリーグの試合が見たい
🎧 155

I want to watch Major League Baseball games.

> 🔑 **Major League Baseball** メジャーリーグ

[訳] メジャーリーグの試合を見たいです。

² 15 自由の女神像が見たい
🎧 156

I want to see the Statue of Liberty in New York.

> 🔑 **the Statue of Liberty** 自由の女神像

[訳] ニューヨークの自由の女神像を見たいです。

フランスの立場

² 16 有名な絵を見たい
🎧 157

I like art. I want to see famous paintings in Paris.

[訳] 私は芸術が好きです。パリで有名な絵を見たいです。

² 17 美しい建物を見たい
🎧 158

Paris is famous for its beautiful buildings. I want to see them.

> 🔑 **be famous for** ～で有名だ

[訳] パリはその美しい建物で有名です。それらを見たいです。

² 18 フランス料理が食べたい
🎧 159

I want to eat French food at the restaurants.

[訳] レストランでフランス料理を食べたいです。

中国の立場

2 19 本物の中華料理が食べたい　　　　　　　　🎧 160

I want to eat real Chinese food. I want to try Chinese dumplings.

> 👤 real 本物の　try ～を食べてみる　Chinese dumpling 点心

[訳] 本物の中華料理が食べたいです。点心を食べてみたいです。

2 20 中国の歴史に興味がある　　　　　　　　🎧 161

I am interested in Chinese history. I want to visit the Great Wall.

> 👤 be interested in ～に興味がある　the Great Wall 万里の長城

[訳] 私は中国の歴史に興味があります。万里の長城に行きたいです。

2 21 物価が安い　　　　　　　　🎧 162

Things are inexpensive in China. I can buy many souvenirs.

> 👤 inexpensive 安価な、安い　souvenir 記念品、みやげもの

[訳] 中国ではものが安いです。多くの記念品を買うことができます。

オーストラリアの立場

2 22 マリンスポーツが好きだ　　　　　　　　🎧 163

I like marine sports. I want to try surfing.

> 👤 marine sport マリンスポーツ　surfing サーフィン

[訳] 私はマリンスポーツが好きです。サーフィンをしてみたいです。

2 23 カンガルーやコアラが見たい　　　　　　　　🎧 164

I want to see Australian animals, such as kangaroos and koalas.

> 👤 such as ～のような　kangaroo カンガルー　koala コアラ

[訳] カンガルーやコアラなどのオーストラリアの動物を見たいです。

2 24 暖かい気候が楽しめる　　　　　　　　🎧 165

I do not like cold weather. It is warmer in Australia than in Japan.

> 👤 weather 天候

[訳] 私は寒さが好きではありません。オーストラリアは日本よりも暖かいです。

行きたい都市は？

東京の立場

2 25 買い物が楽しめる　　　　　　　　　　　　　🎧 166

There are a lot of stores in Tokyo. I can enjoy shopping.

> **enjoy *doing*** ～することを楽しむ

［訳］東京には多くのお店があります。買い物が楽しめます。

2 26 有名なラーメン屋に行きたい　　　　　　　　🎧 167

I like ramen. I want to visit famous ramen restaurants.

> **ramen** ラーメン（ramen は英語になっている）

［訳］私はラーメンが好きです。有名なラーメン屋さんに行きたいです。

2 27 美術館で絵を見たい　　　　　　　　　　　　🎧 168

Tokyo has many museums. I want to visit them to see paintings.

［訳］東京には多くの美術館があります。それらに絵を見に行きたいです。

那覇の立場

2 28 史跡を訪れたい　　　　　　　　　　　　　　🎧 169

There are a lot of historic sites in Naha. I want to visit them.

> **historic site** 史跡

［訳］那覇には史跡がたくさんあります。それらを訪れたいです。

2 29 沖縄料理を食べたい　　　　　　　　　　　　🎧 170

Okinawan foods are very unique. I would like to eat them.

> **unique** 独特な　**would like to *do*** ～したい

［訳］沖縄料理は非常に独特です。沖縄料理を食べたいです。

2 30 ビーチが美しい　　　　　　　　　　　　　　🎧 171

My friend went to Okinawa last year. She said the beaches were beautiful.

［訳］去年友だちが沖縄に行きました。彼女はビーチが美しかったと言っていました。

札幌の立場

² 31 有名な動物園に行きたい 🎧172

There is a famous zoo in Sapporo. I want to visit it.

[訳] 札幌には有名な動物園があります。そこに行きたいです。

² 32 夜景を見たい 🎧173

The city lights at night are very beautiful in Sapporo. I want to see them.

[訳] 札幌の夜の街の明かりはとてもきれいです。それを見たいです。

² 33 雪まつりが見たい 🎧174

I want to see the famous snow festival that is held every year.

> 🔑 festival 祭り　hold ～を開催する

[訳] 毎年開催される有名な雪まつりが見たいです。

大阪の立場

² 34 USJ に行きたい 🎧175

I want to go to Universal Studios Japan and ride various rides.

> 🔑 ride ～に乗る；(遊園地の) 乗り物　various さまざまな

[訳] ユニバーサル・スタジオ・ジャパンに行っていろいろな乗り物に乗りたいです。

² 35 お笑い芸人のショーが見たい 🎧176

There are many famous comedians in Osaka. I want to see their shows.

> 🔑 comedian コメディアン、お笑い芸人

[訳] 大阪には多くの有名なお笑い芸人がいます。彼らのショーが見たいです。

² 36 太陽の塔が見たい 🎧177

I want to see the Tower of the Sun. It is famous.

> 🔑 the Tower of the Sun 太陽の塔

[訳] 太陽の塔が見たいです。それは有名です。

質問タイプ別コンテンツブロック266

将来なりたいものは？

先生の立場

2 37 子どもにいろいろなことを教えたい　　　　　🎧 178

I like children. I want to teach them various things.

> 🔑 **various** さまざまな

［訳］私は子どもが好きです。子どもたちにいろいろなことを教えたいです。

2 38 英語のスキルを使うことができる　　　　　🎧 179

I am good at English. I can use my English skills.

> 🔑 **be good at** ～が得意だ　**skill** スキル

［訳］私は英語が得意です。私は自分の英語のスキルを使うことができます。

2 39 自分の英語の先生のようになりたい　　　　　🎧 180

My English teacher is good at teaching. I want to be like her.

> 🔑 **like** ～のような

［訳］私の英語の先生は教えるのが上手です。私も先生のようになりたいです。

ゲームクリエイターの立場

2 40 自分でテレビゲームを作りたい　　　　　🎧 181

I like video games. I want to create great video games by myself.

> 🔑 **video game** テレビゲーム　**create** ～を作る、創造する　**by oneself** 自分で

［訳］私はテレビゲームが好きです。自分で素晴らしいテレビゲームを作りたいです。

2 41 プログラミングのスキルが使える　　　　　🎧 182

I am good at programming. I can use my skills.

> 🔑 **programming** プログラミング

［訳］私はプログラミングが得意です。自分のスキルを使うことができます。

2 42 教育に役立つゲームを作りたい　　　　　🎧 183

Some video games are useful for education. I want to make such games.

> 🔑 **useful** 役立つ　**education** 教育　**such** そのような

［訳］テレビゲームの中には教育に役立つものもあります。そんなゲームを作りたいです。

看護師の立場

2 43 やさしい看護師になりたい　🎧 184

A nurse was kind to me when I was sick. I want to be like her.

🔑 nurse 看護師

[訳] 私が病気のとき、看護師さんが親切にしてくれました。私も彼女のようになりたいです。

2 44 病気の人とその家族を支援したい　🎧 185

I want to support sick people and their families.

🔑 support ～を支援する

[訳] 病気の人とその家族を支援したいです。

2 45 安定した収入が得られる　🎧 186

The job of a nurse is usually stable. I can make a steady income.

🔑 stable 安定した　steady 安定した、一定の　income 収入

[訳] 看護師の仕事は一般的に安定しています。安定した収入が得られます。

歌手の立場

2 46 歌うのが好きだ　🎧 187

I like singing very much. Singing is my ideal job.

🔑 ideal 理想的な

[訳] 私は歌うのが大好きです。歌うことは私の理想的な仕事です。

2 47 有名になりたい　🎧 188

I want to be famous and have many fans.

[訳] 私は有名になりたいし、多くのファンが欲しいです。

2 48 バンドに所属している　🎧 189

I am in a band. I want to continue performing.

🔑 band バンド　continue *doing* ～し続ける　perform 演奏する

[訳] 私はバンドに所属しています。演奏を続けていきたいです。

時間があるときにすることは？

図書館に行くの立場

2 49 読書が好きだ
🎧 190

I like reading. I enjoy looking for interesting books.

> 🔑 enjoy *doing* ～することを楽しむ　look for ～を探す

[訳] 私は読書が好きです。面白い本を探すのが楽しいです。

2 50 静かで勉強に集中できる
🎧 191

Libraries are quiet. I can focus on my studies.

> 🔑 quiet 静かな　focus on ～に集中する

[訳] 図書館は静かです。私は自分の勉強に集中することができます。

2 51 インターネットが利用できる
🎧 192

Libraries have PCs. I use the Internet in the library.

[訳] 図書館にはパソコンがあります。私は図書館でインターネットを利用します。

友だちと出かけるの立場

2 52 友だちと買い物に行くのが好きだ
🎧 193

I like to go to Shibuya to shop with my friends.

[訳] 友だちと渋谷に買い物に行くのが好きです。

2 53 一人でいるのが好きではない
🎧 194

I do not like being by myself. It is boring.

> 🔑 by *oneself* 一人で　boring 退屈な

[訳] 一人でいるのは好きではありません。退屈です。

2 54 ライブコンサートに行く
🎧 195

I sometimes go to live concerts with my friends. It is exciting.

> 🔑 exciting わくわくする（ような）

[訳] ときどき友だちとライブコンサートに行きます。わくわくします。

散歩をするの立場

2 55 散歩をすると気分がよい　　　　　　　　　🎧 196

Taking a walk makes me feel good. It is relaxing.

🔑 take a walk 散歩する　make A do A に〜させる　relaxing リラックスする（ような）

［訳］散歩すると気分がよくなります。リラックスできます。

2 56 歩いているといろいろ思い浮かぶ　　　　　　🎧 197

While I walk, I can think of various things.

🔑 think of 〜を考える、思い浮かべる　various さまざまな

［訳］歩いていると、いろいろなことが思い浮かびます。

2 57 散歩中に写真を撮るのが好きだ　　　　　　　🎧 198

I like to take photos while I am walking.

🔑 take a photo 写真を撮る

［訳］散歩しながら写真を撮るのが好きです。

動画を見るの立場

2 58 面白い動画がたくさんある　　　　　　　　　🎧 199

There are a lot of interesting videos on the Internet.

🔑 video 動画

［訳］インターネット上には面白い動画がたくさんあります。

2 59 どこでも見られる　　　　　　　　　　　　　🎧 200

I can watch videos anywhere with my smartphone. It is convenient.

🔑 anywhere どこでも　convenient 便利な

［訳］スマートフォンでどこでも動画を見ることができます。それは便利です。

2 60 好きな YouTuber が毎日動画を投稿する　　　🎧 201

My favorite YouTuber posts new videos almost every day.

🔑 favorite 大好きな、お気に入りの　post 〜を投稿する

［訳］私のお気に入りの YouTuber は、ほぼ毎日新しい動画を投稿しています。

質問タイプ ❸ （ふだん）～するか／～するのは好きか

Yes/No で答えるタイプの問題です。

◉ （ふだん）～するか

「あなたはふだん（あるいは「よく」）～しますか」とふだんの行動について問うタイプの問題です。これまでに「ひまなときに自転車を使いますか」という問題が出題されています。「家族の手伝いをしますか」「部屋の掃除をしますか」「料理をしますか」「朝食を食べますか」「パソコン［携帯電話／インターネット］を使いますか」「新聞を読みますか」といったテーマについても考えておくとよいでしょう。

◉ ～するのは好きか

「あなたは～するのが好きですか」「あなたは（将来）～したいですか」と好みや希望について問うタイプの問題です。これまでに「家族のために料理をするのは好きですか」「将来、留学したいですか」という問題が出題されています。「買い物に行くのは好きですか」「動物園［水族館］に行くのは好きですか」「本を読むのは好きですか」「映画を見るのは好きですか」「テレビゲームをするのは好きですか」「泳ぐのは好きですか」といったテーマについても考えておきましょう。

母が料理するのを手伝う	help *one's* mother cook
皿洗いをする	wash the dishes
洗濯物を干す	hang the laundry to dry
洗濯物を取り込む	bring in the laundry
自分の服をたたむ	fold up *one's* clothes
妹の宿題を手伝う	help *one's* sister with her homework
勉強 [部活動] で忙しい	be busy with *one's* studies [club activities]
帰宅が遅い	come home late
ピアノのレッスンを受ける	take piano lessons
部屋をきれいにしておく	keep *one's* room clean
自転車に乗る	ride *one's* bike
環境にやさしい	be good for the environment
店員と話す	talk with store staff
人混みが好きではない	do not like crowds
自由な時間が増える	have more free time
外国人の友だちを作る	make foreign friends
パンダ／ライオン／コアラ／ゾウ／キリン	panda / lion / koala / elephant / giraffe
イルカ／ペンギン／タコ／ラッコ／クラゲ	dolphin / penguin / octopus / sea otter / jellyfish

Chapter

1

2

3

質問タイプ別コンテンツブロック266

よく家族を手伝う？

Yes の立場

3 1 母が夕食を作るのを手伝う　　　　　　　　　　🎧 202

I often help my mother cook dinner. I cut vegetables.

　　🗝 **help A do** A が〜するのを手伝う　**vegetable** 野菜

[訳] 私はよく母が夕食を作るのを手伝います。野菜を切ります。

3 2 皿洗いをする　　　　　　　　　　🎧 203

I usually wash the dishes. It makes my mother happy.

　　🗝 **make A B** A を B にする

[訳] 私はふだん皿洗いをします。そうすると母が喜びます。

3 3 父が洗車するのを手伝う　　　　　　　　　　🎧 204

I sometimes help my father wash his car.

[訳] 私はときどき父が洗車するのを手伝います。

3 4 母から犬の散歩を頼まれる　　　　　　　　　　🎧 205

My mother sometimes asks me to walk our dog.

　　🗝 **ask A to do** A に〜するように頼む　**walk** 〜を散歩させる

[訳] 母はときどき私に犬を散歩に連れていくように頼みます。

3 5 浴槽を洗うのが仕事だ　　　　　　　　　　🎧 206

It is my job to wash the bathtub.

　　🗝 **bathtub** 浴槽

[訳] 浴槽を洗うのは私の仕事です。

3 6 妹の宿題を手伝う　　　　　　　　　　🎧 207

I sometimes help my little sister with her homework.

　　🗝 **help A with B** A の B を手伝う

[訳] 私はときどき妹の宿題を手伝います。

No の立場

3 7 両親が望んでいない　　　　　🎧 208

My parents do not want me to help them.

🔑 **want A to do** A に～してほしいと思う

［訳］両親は私が彼らの手伝いをすることを望んでいません。

3 8 勉強で忙しい　　　　　🎧 209

I am busy with my studies. I have little time to help my family.

🔑 **be busy with** ～で忙しい　**little** ほとんど～ない

［訳］私は勉強で忙しいです。家族を手伝う時間はほとんどありません。

3 9 帰宅後、疲れすぎている　　　　　🎧 210

When I come home from school, I am too tired to help my family.

🔑 **too ～ to do** ～すぎて…できない

［訳］学校から帰ってくると、私は疲れすぎて家族の手伝いをすることができません。

3 10 帰宅するのが遅い　　　　　🎧 211

I come home from school pretty late every day.

🔑 **pretty** かなり

［訳］私は毎日学校から帰ってくるのがかなり遅いです。

3 11 よく皿を割る　　　　　🎧 212

I often break dishes. My mother does not want me to wash the dishes.

［訳］私はよく皿を割ります。母は私に皿洗いをしてほしくありません。

3 12 毎日ピアノの練習をする　　　　　🎧 213

I practice the piano every day. I have no time to help my family.

［訳］私は毎日ピアノの練習をしています。家族を手伝う時間がありません。

よく部屋の掃除をする？

Yes の立場

3 13 部屋をきれいにしておくのが好きだ　🎧 214

I like to keep my room clean. It is more comfortable.

> **keep A B** A を B に保つ　**comfortable** 快適な

[訳] 私は自分の部屋をきれいにしておくのが好きです。きれいなほうが快適です。

3 14 部屋が汚れていると母が腹を立てる　🎧 215

If my room is dirty, my mother gets angry.

[訳] 私の部屋が汚れていると、母は腹を立てます。

3 15 ものを見つけやすい　🎧 216

When my room is clean, I can find things easily.

> **easily** 簡単に

[訳] 部屋がきれいだと、ものを簡単に見つけることができます。

3 16 部屋がきれいでないと勉強しづらい　🎧 217

It is difficult to study when my room is not clean.

[訳] 部屋がきれいでないと、勉強をするのは難しいです。

3 17 なくしたものを見つけることがある　🎧 218

When I clean my room, I sometimes find lost things.

> **lost** なくした

[訳] 部屋を掃除していると、なくしたものを見つけることがあります。

3 18 窓を掃除すると部屋が明るくなる　🎧 219

By cleaning the windows, my room gets bright.

> **bright** 明るい

[訳] 窓を掃除することで、私の部屋は明るくなります。

No の立場

3 19 部活で忙しい　🎧 220

I am busy with club activities. I have little time to clean my room.

🔑 be busy with ～で忙しい　little ほとんど～ない

[訳] 私は部活動で忙しいです。部屋を掃除する時間がほとんどありません。

3 20 母が掃除してくれる　🎧 221

My mother always cleans my room for me.

[訳] いつも母が私の部屋を掃除してくれます。

3 21 面倒だ　🎧 222

I know cleaning my room is good, but it is a bother.

🔑 bother 面倒なこと

[訳] 部屋を掃除するのがよいことなのはわかっていますが、面倒です。

3 22 汚れていても気にならない　🎧 223

I do not mind if my room is dirty.

🔑 mind ～を気にする

[訳] 部屋が汚れていても私は気になりません。

3 23 なまけ者なので掃除できない　🎧 224

I am too lazy to clean my room.

🔑 lazy なまけた

[訳] 私はとてもなまけ者なので、部屋を掃除できません。

よく自転車を使う？

Yes の立場

³ 24 家の近くの川に行く
🎧 225

I often ride my bike to a river near my house.

> 🗝 ride 〜に乗る、乗っていく

[訳] 私はよく自転車で家の近くの川に行きます。

³ 25 友だちと自転車で出かける
🎧 226

My friends and I often ride our bikes together.

[訳] 友だちと私はよく自転車に乗って一緒に出かけます。

³ 26 歩くより速い
🎧 227

Riding a bike is faster than walking.

[訳] 自転車に乗るのは歩くよりも速いです。

³ 27 サイクリングが好きだ
🎧 228

I like cycling. It is good exercise.

> 🗝 exercise 運動

[訳] 私はサイクリングが好きです。それはよい運動です。

³ 28 環境にやさしい
🎧 229

Using a bike is ecological. It is good for the environment.

> 🗝 ecological 環境にやさしい　environment 環境

[訳] 自転車の使用は環境保護になります。それは環境にやさしいです。

No の立場

3 29 ひまなときは YouTube を見る　🎧 230

In my free time, I often watch YouTube. I do not go out.

    🔑 go out 外出する

[訳] ひまなときはよく YouTube を見ます。外出はしません。

3 30 外出するときは歩く　🎧 231

When I go out, I usually walk. I do not use a bike often.

[訳] 外出するときはたいてい歩きます。自転車はあまり使いません。

3 31 雨が降ると使えない　🎧 232

When it rains, I cannot use my bike. It is not convenient.

    🔑 convenient 便利な

[訳] 雨が降ると、自転車を使えません。それは不便です。

3 32 バスに乗る　🎧 233

I usually take buses. They are faster than bikes.

[訳] 私はふだんバスに乗っています。バスのほうが自転車よりも速いです。

3 33 幼いころ事故にあった　🎧 234

When I was a little child, I got in a bike accident, so I do not ride a bike.

    🔑 accident 事故

[訳] 幼いころ、私は自転車事故にあったので、自転車には乗りません。

買い物に行くのは好き？

Yes の立場

3 34 友だちと服を買いに行くのが好きだ　🎧235

I like to go shopping for clothes with my friends.

🔊 clothes 洋服、衣服

[訳] 友だちと服を買いに行くのが好きです。

3 35 文具店を見て回るのは楽しい　🎧236

I like stationery. Browsing a stationery shop is enjoyable.

🔊 stationery 文具　browse ～を見て回る　enjoyable 楽しい

[訳] 私は文具が好きです。文具店を見て回るのは楽しいです。

3 36 店員と話すのは楽しい　🎧237

Talking with store staff is a lot of fun.

🔊 staff スタッフ

[訳] 店員と話すのはとても楽しいです。

3 37 いろいろ見るだけでわくわくする　🎧238

Just looking at various things at stores is exciting.

🔊 various さまざまな　exciting わくわくする（ような）

[訳] 店でいろいろなものを見るだけでもわくわくします。

3 38 書店に長居する　🎧239

I like reading books. I often stay at bookstores for a long time.

🔊 bookstore 書店　for a long time 長い時間

[訳] 私は読書が好きです。私はよく書店に長居します。

No の立場

³39 店を歩き回るのは疲れる　🎧240

Walking around shops makes me very tired.

🔑 walk around ～を歩き回る　make A B A を B にする　tired 疲れた

[訳] お店を歩き回るととても疲れます。

³40 すでに多くのものがある　🎧241

I already have too many things at home.

[訳] すでに家には十分すぎるくらいものがあります。

³41 店員に話しかけられるのが好きではない　🎧242

I do not like being talked to by store clerks.

🔑 talk to ～に話しかける　store clerk 店員

[訳] 私は店員に話しかけられるのが好きではありません。

³42 お金がない　🎧243

I do not have enough money to buy things.

🔑 enough 十分な

[訳] 私はものを買うのに十分なお金がありません。

³43 人混みが好きではない　🎧244

I do not like crowds. I often shop online.

🔑 crowd 人混み　shop 買い物をする　online オンラインで

[訳] 私は人混みが好きではありません。私はよくオンラインで買い物をします。

³44 おっくうだ　🎧245

I am too lazy to go shopping. Shopping is troublesome.

🔑 lazy なまけた　troublesome 面倒な

[訳] 私は買い物に行くのがとてもおっくうです。買い物は面倒です。

家族に料理を作るのは好き？

Yes の立場

3 45 多くのことが学べる
🎧 246

By cooking, I can learn a lot of things about food.

[訳] 料理をすることで、食べ物について多くのことを学ぶことができます。

3 46 オムレツを作るのが好きだ
🎧 247

I like cooking omelets, and my parents like to eat my omelets.

[訳] 私はオムレツを作るのが好きで、親は私のオムレツを食べるのが好きです。

3 47 親が満足するとうれしい
🎧 248

When my parents are happy with my food, I also feel happy.

[訳] 親が私の料理に満足すると、私もうれしいです。

3 48 練習するほど上手になる
🎧 249

The more I practice, the better I get at cooking. It is fun.

> 📔 The 比較級 ～, the 比較級 ... ～するほど… get good at ～が上手になる fun 楽しいこと

[訳] 練習するほど料理が上手になります。それは楽しいです。

3 49 母の自由な時間が増える
🎧 250

If I cook, my mother will have more free time.

[訳] 私が料理をすれば、母の自由な時間が増えます。

No の立場

³50 料理が得意でない 🎧 251

I am not good at cooking. When I cook, I sometimes get hurt.

🔑 be good at ～が得意だ　get hurt けがをする

[訳] 私は料理が得意ではありません。料理をしていて、けがをすることがあります。

³51 忙しい 🎧 252

I am busy. I have little time to cook for my family.

🔑 little ほとんど～ない

[訳] 私は忙しいです。家族のために料理をする時間はほとんどありません。

³52 母が望んでいない 🎧 253

My mother likes to cook. She does not want me to help.

🔑 want A to do A に～してほしいと思う

[訳] 母は料理が好きです。母は私に手伝ってほしいとは思っていません。

³53 弟は私の料理を食べるのが好きでない 🎧 254

My little brother does not like to eat food that I made.

[訳] 弟は私が作った料理を食べるのが好きではありません。

³54 父の料理のほうが好きだ 🎧 255

I prefer my father's food. It tastes better.

🔑 prefer ～のほうが好きだ

[訳] 私は父の料理のほうが好きです。父の料理のほうがおいしいです。

水族館に行くのは好き？

Yes の立場

3 55 魚を見るのが好きだ　🎧 256

I like to watch fish. They are interesting.

[訳] 私は魚を見るのが好きです。魚は面白いです。

3 56 クラゲを見るとリラックスする　🎧 257

Jellyfish are beautiful. Watching them is relaxing.

> 🔑 jellyfish クラゲ　relaxing リラックスする (ような)

[訳] クラゲは美しいです。クラゲを見るとリラックスできます。

3 57 イルカが好きだ　🎧 258

I like dolphins. Watching dolphins jump is exciting.

> 🔑 dolphin イルカ　watch A *do* A が〜するのを見る　exciting わくわくする (ような)

[訳] 私はイルカが好きです。イルカがジャンプするのを見るのはわくわくします。

3 58 雨が降っても楽しめる　🎧 259

I can enjoy the aquarium even if it rains.

> 🔑 aquarium 水族館　even if たとえ〜でも

[訳] 雨が降っても水族館は楽しめます。

3 59 ボーイフレンドと行くのが好きだ　🎧 260

I like to go to aquariums with my boyfriend.

[訳] ボーイフレンドと一緒に水族館に行くのが好きです。

3 60 海は別世界のようだ　🎧 261

The ocean is like a different world. It is fantastic.

> 🔑 ocean 海　fantastic 素晴らしい

[訳] 海は別世界のようです。それは素晴らしいです。

No の立場

3 61 魚に興味がない　　　　　　　　　　　　　　　🎧 262

I am not interested in fish. Fish are boring.

🔑 be interested in ～に興味がある　boring 退屈な

［訳］私は魚には興味がありません。魚は退屈です。

3 62 近くに水族館がない　　　　　　　　　　　　　🎧 263

There are no aquariums near my house. I have little chance to go to them.

🔑 little ほとんど～ない　chance チャンス、機会

［訳］家の近くには水族館がありません。水族館に行く機会はほとんどありません。

3 63 動物園に行くほうが好きだ　　　　　　　　　　🎧 264

I prefer to go to the zoo. The animals there are more interesting.

🔑 prefer to *do* ～するほうが好きだ

［訳］私は動物園に行くほうが好きです。そこにいる動物のほうが面白いです。

3 64 水族館は混雑している　　　　　　　　　　　　🎧 265

Aquariums are usually crowded. I cannot see the fish well.

🔑 crowded 混雑した

［訳］水族館はたいてい混雑しています。魚がよく見えません。

3 65 小さな水槽に魚を入れるのはよくない　　　　　🎧 266

I think it is not good to put fish in small aquariums.

🔑 aquarium 水槽

［訳］小さな水槽に魚を入れるのはよくないと思います。

留学したい？

Yes の立場

3 66 ほかの文化について学べる　🎧 267

By studying abroad, I can learn a lot of things about other cultures.

🔑 study abroad 留学する　culture 文化

[訳] 留学することで、ほかの文化について多くのことを学ぶことができます。

3 67 外国人の友だちができる　🎧 268

If I study abroad, I will be able to make foreign friends.

🔑 foreign 外国の、外国人の

[訳] 留学すれば外国人の友だちができます。

3 68 英語を学べる　🎧 269

I can learn English more easily in foreign countries.

🔑 easily 簡単に

[訳] 海外でなら、より簡単に英語を学ぶことができます。

3 69 外国人が日本をどう見ているかわかる　🎧 270

I can learn how foreign people see Japan.

🔑 learn 〜を知る

[訳] 外国人が日本をどう見ているか知ることができます。

3 70 異なる見方で日本について考えられる　🎧 271

I can think about Japan from a different point of view.

🔑 point of view 見方、観点

[訳] 異なる見方で日本について考えることができます。

3 71 外国企業で働きたい　🎧 272

I want to work for a foreign company. Studying abroad will make it easier.

🔑 make A B A を B にする

[訳] 外国企業で働きたいです。留学することでそれはより簡単になります。

No の立場

🎧 273

3 72 外国の文化に興味がない

I am not interested in foreign cultures.

🔑 be interested in ～に興味がある

［訳］私は外国の文化に興味がありません。

🎧 274

3 73 外国の食べ物が好きではない

I do not like foreign food. I would miss Japanese food.

🔑 miss ～が恋しい、～がなくてさみしい

［訳］私は外国の食べ物が好きではありません。日本食が恋しくなるでしょう。

🎧 275

3 74 英語が得意ではない

I am not good at English. I cannot live abroad comfortably.

🔑 be good at ～が得意だ　comfortably 快適に

［訳］私は英語が得意ではありません。海外で快適に生活することができません。

🎧 276

3 75 恥ずかしがり屋だ

I am shy. I do not think I can make foreign friends.

🔑 shy 恥ずかしがりの、内気な

［訳］私は恥ずかしがり屋です。外国人の友だちを作ることはできないと思います。

🎧 277

3 76 多くの費用がかかる

Studying abroad costs a lot. I want to use money on other things.

🔑 cost〈お金〉がかかる

［訳］留学には多くの費用がかかります。ほかのことにお金を使いたいです。

Column　いろいろな文型を使おう

　正しい英文でも、First, I like to *do* 〜. Second, I like to *do* 〜.のように、同じ文型を繰り返すのはよくありません。023 〜 025 ページのフレーズ以外にも、以下のような文型を使って英文にバリエーションを持たせるようにしましょう。異なる文型を使うことで、答案がずっとよくなります。

■ **I like 〜.**　〜が好きです

例 I like the sound of waves.
　　私は波の音が好きです。

■ **I want to *do* 〜.**　私は〜したいです

例 I want to see the Tower of the Sun.
　　太陽の塔が見たいです。

■ **I can enjoy 〜.**　私は〜を楽しむことができます

例 I can enjoy many festivals in summer.
　　夏には多くのお祭りを楽しむことができます。

■ **I am good at 〜.**　私は〜が得意です

例 I am good at English.
　　私は英語が得意です。

■ **I am interested in 〜.**　私は〜に興味があります

例 I am interested in foreign cultures.
　　私は外国の文化に興味があります。

■ **There are 〜.**　〜があります

例 There are a lot of interesting videos on the Internet.
　　インターネット上には面白い動画がたくさんあります。

■ **It is 〜 to *do* ....**　…することは〜です

例 It is difficult to study when my room is not clean.
　　部屋がきれいでないと、勉強をするのは難しいです。

Chapter 3

模擬問題
（もぎ）

この Chapter では、
10 セットのオリジナル問題と
各問題に対する 2 つずつの解答例を挙げています。
解説までしっかりと読み、
答えの組み立てかたを頭の中に入れましょう。

1 ＡとＢのどちらが好きか／好きな〜は何か

解答時間 ▷▷▷ 1問につき**15**分

○ あなたは、外国人の友達から以下の QUESTION をされました。

○ QUESTION について、あなたの考えとその理由を2つ英文で書きなさい。

○ 語数の目安は 25 語〜 35 語です。

○ 解答が QUESTION に対応していないと判断された場合は、0点と採点されることがあります。QUESTION をよく読んでから答えてください。

Which do you like better, dogs or cats?

▷ 解答・解説は 086-089 ページ

 Which do you like better, traveling abroad or traveling in Japan?

▷ 解答・解説は 090-093 ページ

 Which season do you like the best?

▷ 解答・解説は 094-097 ページ

 Which subject do you like the best?

▷ 解答・解説は 098-101 ページ

What food do you like the best?

▷ 解答・解説は 102-105 ページ

解答・解説

🎧278

1 QUESTION *Which do you like better, dogs or cats?*

解答例 ▷ **犬** の立場

I like dogs better. First, my dog is very cute. I feel
happy when I am with him. Second, dogs are smart.
It is fun to play with them.

(29 語)

 cute かわいい　smart 利口な、賢い　fun 楽しいこと

訳 あなたは犬と猫のどちらのほうが好きですか。

私は犬のほうが好きです。第 1 に、私の犬はとてもかわいいです。彼と一緒にいる
と、私は幸せを感じます。第 2 に、犬は賢いです。犬と遊ぶのは楽しいです。

✏️ 解答のポイント

犬と猫のどちらが好きかを問う質問ですが、この質問に対する理由をいくつか準備してあれば、What animal do you like the best?（何の動物が一番好きですか）、What is your favorite animal?（あなたの一番好きな動物は何ですか）といった質問に対応することもできます。解答例では「自分の犬がかわいい」という理由を挙げていますね。このように自分の飼い犬の話をするのも説得力のある解答法です。

動物を代名詞で受ける場合は it を使うこともできますが、オス／メスに応じて he / she で表すのも自然な書きかたです。

💡 表現のヒント

下線の文は It is 〜 to *do*（…するのは〜だ）という構文です。It は仮の主語で、to *do* が本当の主語です。024 ページで学んだ構文を使って Playing with them is fun. と書くこともできますが、It is で始まるこの構文も使いやすいのでぜひ覚えておきましょう。

■ 解答例の構成

導入	
1 31 私の犬はかわいい	＋
1 33 賢い	＋

解答・解説

🎧279

 1 QUESTION

Which do you like better, dogs or cats?

解答例 ▷ 猫（ねこ）の立場

I like cats better. I have two reasons. First, when I hold my cat, I feel relaxed. In addition, it is not necessary to walk cats. It is easier.

(29 語)

 relaxed リラックスした　necessary 必要な　walk 〜を散歩させる　easy 楽な

訳 あなたは犬と猫（ねこ）のどちらのほうが好きですか。

私は猫（ねこ）のほうが好きです。2 つの理由があります。第 1 に、私の猫（ねこ）を抱（だ）いているとリラックスできます。それに加えて、猫（ねこ）は散歩させる必要がありません。そのほうが楽です。

🖊 解答のポイント

今度は猫のほうが好きだという立場です。犬の立場で挙げたように、「自分の猫はかわいい」という理由を挙げてももちろんかまいません。また、解答例では 2 つ目の理由として「散歩させる必要がない」と述べていますが、これは「犬は散歩させる必要がある」という前提を踏まえています。このように「A と B のどちらが好きですか」という質問では、選ばなかったものとの違いについて論じてもよいでしょう。

💡 表現のヒント

下線をつけた it is not necessary to *do* は「〜する必要はない」という意味の表現です。I do not have to *do* と言い換えることもできます。

🖢 解答例の構成

導入	
1 37 抱いているとリラックスできる	+
1 38 散歩させる必要がない	+

🎧 280

2 QUESTION *Which do you like better, traveling abroad or traveling in Japan?*

解答例 ▷ 海外旅行 の立場

I like traveling abroad better. First, I like ethnic food. I can enjoy real ethnic food in foreign countries. Second, by going abroad, I can talk with foreign people. It is interesting.

(32 語)

🔑 travel 旅行する　abroad 海外に [で]　ethnic エスニックの　real 本物の　foreign 外国の

訳 あなたは海外旅行をするのと日本国内を旅行するのでは、どちらのほうが好きですか。

私は海外旅行をするほうが好きです。第 1 に、私はエスニック料理が好きです。外国では本物のエスニック料理が楽しめます。第 2 に、海外に行くことで、外国人と話すことができます。それは面白いです。

✏️ 解答のポイント

海外旅行と国内旅行のどちらが好きかという質問です。まず海外旅行の立場から見ていきます。理由が思いつきやすければ、仮に海外旅行をしたことがなくても、海外旅行を選んでかまいません。解答例では「エスニック料理を食べられる」「海外に行くことで、外国人と話すことができる」という理由を挙げましたが、日本では見られないような新しいものを見ることができる、といった理由を挙げることもできるでしょう。

💡 表現のヒント

下線を引いた1つ目の理由は、I can enjoy real ethnic food in foreign countries.（外国では本物のエスニック料理が楽しめます）だけでも成り立ちますが、その前に I like ethnic food.（私はエスニック料理が好きです）という1文を置くことで、なぜあなたが海外でエスニック料理を楽しみたいかが明確になり、解答に説得力が増します。

🔧 解答例の構成

| 導入 | ➕ |

| **1** 43 | 本物のエスニック料理が食べられる | ➕ |

| **1** 44 | 外国人と話ができる | |

🎧281

2
QUESTION *Which do you like better, traveling abroad or traveling in Japan?*

解答例 ▷ **国内旅行**の立場

I like traveling in Japan better. First, I am not good at English, so I cannot travel abroad comfortably. Also, I am interested in Japanese history. I want to visit historic sites in Japan.

(34 語)

🔑 travel 旅行する　abroad 海外に [で]　be good at ～が得意だ　comfortably 快適に
be interested in ～に興味がある　historic site 史跡

訳 あなたは海外旅行をするのと日本国内を旅行するのでは、どちらのほうが好きですか。

私は日本国内を旅行するほうが好きです。第 1 に、私は英語が得意ではないので、快適に海外旅行ができません。また、私は日本の歴史に興味があります。日本の史跡に行きたいです。

解答のポイント

今度は国内旅行の立場を考えてみましょう。解答例では「英語が得意でないので、快適に海外旅行ができない」「日本の歴史に興味があり、史跡を訪れたい」という理由を挙げましたが、「飛行機が嫌いだ（から海外には行けない）」「国内旅行のほうが安い」といった理由も考えられるでしょう。実際には国内よりも安く行ける海外の国もありますが、英作文ではそうした細かい点にこだわる必要はありません。

💡**表現のヒント**

comfortably（快適に）は少し難しい単語ですが、形容詞の comfortable（快適な）に副詞を作る -ly をつけたものです。〈形容詞＋ -ly〉という形の副詞はほかにもたくさんあります。次の単語も書けるようにしておきましょう。

・careful ＋ -ly → carefully（注意深く）
・clear ＋ -ly → clearly（きれいに、はっきりと）
・ease ＋ -ly → easily（簡単に）
・kind ＋ -ly → kindly（親切に）
・quick ＋ -ly → quickly（急速に、急いで）
・slow ＋ -ly → slowly（ゆっくりと）

📑**解答例の構成**

導入
＋
1 46 英語が得意ではない
＋
1 49 日本の歴史に興味がある

🎧282

Which season do you like the best?

QUESTION

解答例 ▷ **春** の立場

I like spring the best. I have two reasons. First, I like flowers. I can see many kinds of flowers in spring. Second, spring is a good season to start new things.

（32 語）

 many kinds of 多くの種類の〜

訳 あなたはどの季節が一番好きですか。

私は春が一番好きです。2 つの理由があります。第 1 に、私は花が好きです。春には多くの種類の花が見られます。第 2 に、春は新しいことを始めるのによい季節です。

🖊 解答のポイント

好きな季節を問う質問です。できれば2つくらいの季節について理由を準備しておきましょう。014ページで挙げた Which do you like better, summer or winter? のような質問、あるいは What is your favorite season?（あなたの一番好きな季節は何ですか）に対応することもできます。解答例では「花一般_{いっぱん}が好き」という理由にしましたが、例えば、桜が好きなので enjoy cherry blossom viewing（お花見を楽しむ）といった表現を使うこともできます。

💡 表現のヒント

下線の文の to start は直前の名詞 season を修飾する形容詞的用法の不定詞です。Rainy days are a good chance to clean my room.（雨の日は私の部屋を掃除するよい機会です）の to clean なども同じ使いかたです。

📑 解答例の構成

導入

1 73　多くの種類の花が見られる　　　　＋

1 75　新しいことを始めるのによい　　　　＋

解答・解説

🎧283

3 Which season do you like the best?

QUESTION

解答例 ▷ **冬** の立場

I like winter the best. I have two reasons. First, I can go skiing with my family in winter. Second, I like to see snow falling. It is very beautiful.

(30 語)

 see A *doing* A が〜するのを見る

訳 あなたはどの季節が一番好きですか。

私は冬が一番好きです。2つの理由があります。第1に、冬は家族と一緒にスキーに行くことができます。第2に、私は雪が降るのを見るのが好きです。それはとても美しいです。

解答のポイント

今度は冬の立場について考えましょう。解答例では「家族とスキーに行ける」を挙げましたが、ice skating（アイススケート）や snowboarding（スノーボード）といったウインタースポーツも考えられますね。また I can enjoy Christmas and the New Year.（クリスマスと正月を楽しめる）や I can see the stars very clearly.（星がとてもきれいに見える）などと言ってもいいでしょう。

💡**表現のヒント**

下線の文の go skiing は「スキーをしに行く」という意味の表現です。「（場所）に〜しに行く」という場合、前置詞には to ではなく、その行動を「行う場所」を表す in や at などを使うことに注意しましょう。

・海に泳ぎに行く
　go swimming in the sea（× to the sea）

・ショッピングモールに買い物に行く
　go shopping at the mall（× to the mall）

解答例の構成

導入	
1 82 家族とスキーに行ける	＋
1 83 雪が降るのを見るのが好きだ	＋

模擬問題

解答・解説

 284

4 *Which subject do you like the best?*
QUESTION

解答例 ▷ **英語** の立場

I like English the best. I have two reasons. First,
I can learn about foreign cultures through English.
It is interesting. Second, I want to make foreign
friends, so learning English is necessary.

(33 語)

 foreign 外国の、外国人の　culture 文化　through 〜を通して　necessary 必要な

訳 あなたはどの科目が一番好きですか。

私は英語が一番好きです。2 つの理由があります。第 1 に、私は英語を通して外国
の文化について学ぶことができます。それは面白いです。第 2 に、私は外国人の友
だちを作りたいので、英語を学習する必要があります。

098

解答のポイント

好きな科目を問う質問です。What is your favorite subject? という質問
も同じ意味です。まず英語の立場から考えてみましょう。ここでは「外国
の文化について学べる」「外国人の友だちを作りたい」という理由を挙げま
したが、これらは Do you want to study abroad?（あなたは留学したい
ですか）や Do you want to travel abroad?（あなたは海外旅行をしたい
ですか）などの質問に対しても使える理由です。

💡**表現のヒント**

あなたは foreign（外国の）という単語を、自信をもっ
て正しく書けますか？ これは発音からつづりが想像し
にくい単語の一つです。ほかにも、beautiful（美しい）、
famous（有名な）、favorite（大好きな、お気に入りの）、
restaurant（レストラン）、library（図書館）、weather
（天候）、convenient（便利な）、necessary（必要な）、
abroad（外国に）、healthy（健康な）、exciting（わくわ
くする（ような））、comfortable（快適な）などは、英作
文で使う可能性の高い単語です。確実に正しく書ける
ようにしておきましょう。

解答例の構成

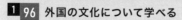

導入

1 96	外国の文化について学べる	＋
1 97	外国人の友だちを作りたい	＋

🎧 285

QUESTION *Which subject do you like the best?*

解答例 ▷ # 歴史 の立場

I like history the best. First, I like Ryoma Sakamoto.
It is interesting to learn about him. Also, I am interested
in castles. I can learn about them in history class.

(31 語)

 be interested in ～に興味がある　castle 城

訳 あなたはどの科目が一番好きですか。

私は歴史が一番好きです。第1に、私は坂本龍馬が好きです。彼について学ぶの
は面白いです。また、お城に興味があります。歴史の授業でお城について学ぶこと
ができます。

📝 解答のポイント

今度は歴史の立場について考えてみましょう。1つ目の理由では「坂本龍馬が好きだ」という理由を挙げましたが、もちろん卑弥呼でも聖徳太子でも織田信長でもかまいません。卑弥呼の場合、him を her に変えることを除けば、英文はそのまま使えます。048、049 ページのコンテンツブロックでは「英語」「理科」「歴史」「体育」の例を挙げましたが、それ以外の科目を答えたい場合は、自分なりの理由を考えておきましょう。

💡 表現のヒント

be interested in (〜に興味がある) は英作文で非常によく使う熟語なので必ず覚えておきましょう。次の熟語も重要です。あわせて覚えておきましょう。
・be good at (〜が得意だ)
・be famous for (〜で有名だ)
・be busy with (〜で忙しい)

🔧 解答例の構成

導入	
1 101 坂本龍馬について学べる	➕
1 102 城に興味がある	➕

🎧286

5 *What food do you like the best?*

QUESTION

解答例 ▷ **ピザ**の立場

I like pizza the best. I have two reasons. First, there
are many kinds of pizza. I like seafood pizza the best.
Second, pizza can be delivered. It is very convenient.

(31 語)

 many kinds of 多くの種類の〜　seafood シーフード　deliver 〜を配達する
convenient 便利な

訳 あなたはどんな食べ物が一番好きですか。

私はピザが一番好きです。2つの理由があります。第1に、ピザには多くの種類が
あります。私はシーフードピザが一番好きです。第2に、ピザは配達してもらうこ
とができます。それはとても便利です。

📝 解答のポイント

好きな食べ物を問う質問です。まずはピザの立場を見てみましょう。1つ目の理由では「いろいろな種類がある」を挙げましたが、それだけだと説得力が足りません。「私はシーフードピザが一番好きだ」という具体例をつけ加えることで、理由に説得力が増します。このほか、「配達してもらえる」「チーズとトマトソースが好きだ→（だから）ピザはおいしい」などの理由も考えられます。

💡表現のヒント

下線の文は助動詞 can（～できる）の後ろに be delivered（配達される）という受動態がついた形です。助動詞の後ろなので、動詞が原形の be になる点に注意しましょう。

■解答例の構成

導入

1 107 種類が多い ＋

1 108 配達してもらえる ＋

🎧287

What food do you like the best?

QUESTION

解答例 ▷ **カレー** の立場

I like curry the best. First, there are onions, carrots, potatoes, and meat in curry. It is healthy. Second, I like spicy food. Even if I am sick, I can eat curry.

(32 語)

 spicy 辛い、スパイシーな　even if たとえ〜でも

訳 あなたはどんな食べ物が一番好きですか。

私はカレーが一番好きです。第1に、カレーには玉ねぎやにんじん、じゃがいも、肉が入っています。健康によいです。第2に、私は辛いものが好きです。病気でもカレーなら食べられます。

✏️ 解答のポイント

今度はカレーの立場で考えてみましょう。ここでは「いろいろな食材が入っていて健康によい」と「辛いものが好きだ」という理由を挙げましたが、ピザと同じように「いろいろな種類のカレーが楽しめる」という理由を挙げることもできます。050、051 ページではピザとカレーのほか、すしとアイスクリームを例として紹介しましたが、サンドイッチ（sandwich）やハンバーガー（hamburger）、ラーメン（ramen）など、自分の好きな食べ物でも理由を考えてみましょう。

💡表現のヒント

下線の文では、「玉ねぎやにんじん、じゃがいも、肉」（onions, carrots, potatoes, and meat）と複数のものを並べています。このように複数のものを並べるときには、A, B, C, and D のように表記します。覚えておきましょう。

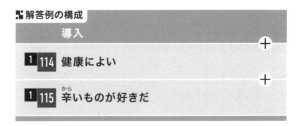

🔧解答例の構成

導入	
1 114 健康によい	➕
1 115 辛いものが好きだ	➕

2 何をする [したい] か／どこに行きたいか （ふだん）〜するか／〜するのは好きか

| 解答時間 ▷▷▷ 1問につき **15**分

○ あなたは、外国人の友達から以下の QUESTION をされました。

○ QUESTION について、あなたの考えとその理由を 2 つ英文で書きなさい。

○ 語数の目安は 25 語〜 35 語です。

○ 解答が QUESTION に対応していないと判断された場合は、0 点と採点されることがあります。QUESTION をよく読んでから答えてください。

QUESTION

Which country do you want to visit?

▷ 解答・解説は 108-111 ページ

QUESTION

What do you want to be in the future?

▷ 解答・解説は 112-115 ページ

QUESTION

Do you often help your family?

▷ 解答・解説は 116-119 ページ

QUESTION

Do you like to go shopping?

▷ 解答・解説は 120-123 ページ

QUESTION

Do you like going to aquariums?

▷ 解答・解説は 124-127 ページ

⌂ 288

 1
QUESTION

Which country do you want to visit?

解答例 ▷ **アメリカ** の立場

I want to visit the U.S. First, I like English. I want to speak it in the U.S. Second, I want to see the Statue of Liberty in New York.

(30 語)

 the Statue of Liberty 自由の女神像

訳 あなたはどの国を訪れたいですか。

私はアメリカを訪れたいです。第 1 に、私は英語が好きです。アメリカで英語を話したいです。第 2 に、ニューヨークの自由の女神像を見たいです。

🖊 解答のポイント

行きたい国を問う質問です。まず、アメリカに行きたいという立場で考えてみます。アメリカ（合衆国）には、America、the U.S.、the United States、the U.S.A.、the United States of America などの表記がありますが、the U.S. が一番シンプルでしょう。1つ目の「英語が好きだ」という理由は、イギリス（the U.K.）やオーストラリア（Australia）、カナダ（Canada）、ニュージーランド（New Zealand）などにも使えます。さらに、アメリカで見たいものをいくつか覚えておけば、2つ目の理由も簡単に書くことができます。

💡 表現のヒント

「〜を訪れる」は、下線の文のように visit の後ろに直接、場所を表す語を置きます。go to（〜に行く）や come to（〜に来る）に引きずられて to をつけないように気をつけましょう。

⊟ 解答例の構成

導入	
2 13 英語を話したい	＋
2 15 自由の女神像が見たい	＋

🎧289

 1 QUESTION *Which country do you want to visit?*

解答例 ▷ **オーストラリア**の立場

I want to visit Australia. I have two reasons. First,
I like marine sports. I want to try surfing. Second,
I want to see Australian animals, such as kangaroos
and koalas.

(31 語)

 marine sport マリンスポーツ　surfing サーフィン　such as ～のような
kangaroo カンガルー　koala コアラ

訳 あなたはどの国を訪れたいですか。

私はオーストラリアを訪れたいです。2 つの理由があります。第 1 に、私はマリン
スポーツが好きです。サーフィンをしてみたいです。第 2 に、カンガルーやコアラな
どのオーストラリアの動物を見たいです。

📝 解答のポイント

今度はオーストラリアの立場を考えてみましょう。109 ページに書いたように、「英語が好きだ、話したい」という理由もあり得ますが、解答例では「マリンスポーツが好きだ」「カンガルーやコアラが見たい」という理由を挙げました。「暖かい気候が楽しめる」「エアーズロック（Ayers Rock）を見たい」といった理由を挙げてもよいでしょう。

💡 表現のヒント

「〜のような…」と文中で具体例を挙げる場合は、下線の文のように such as を使うと便利です。

例：There are a variety of TV programs, such as news or sports.

ニュースやスポーツなど、さまざまなテレビ番組があります。

🔣 解答例の構成

導入

2 22	マリンスポーツが好きだ	+

2 23	カンガルーやコアラが見たい	+

🎧290

 What do you want to be in the future?

QUESTION

解答例 ▷ **先生** の立場

I want to be a teacher. First, I like children. I want to
teach them various things. Also, my English teacher is
good at teaching. I want to be like her.

(31 語)

---

 various さまざまな　like ～のような

訳 あなたは将来何になりたいですか。

私は先生になりたいです。第1に、私は子どもが好きです。子どもたちにいろいろ
なことを教えたいです。また、私の英語の先生は教えるのが上手です。私も先生の
ようになりたいです。

解答のポイント

将来なりたい職業を問う質問です。ここでは先生の立場について考えてみ
ましょう。解答例の 1 つ目に挙げた「子どもが好きで、いろいろなことを教
えたい」というのは思いつきやすい理由かもしれませんね。2 つ目の「自
分の英語の先生のようになりたい」のように、あなた自身の経験に基づい
た理由を挙げるのもよい解答法です。ぜひ使ってみましょう。

💡**表現のヒント**

下線の文の like は「〜に似た、〜のような」という
意味の前置詞です。be 動詞のほか、look（見える）、
sound（聞こえる）、feel（感じられる）などとともに
使います。

例：They look like each other.
　　彼らはお互いに似ている。
　　That sounds like fun.
　　それは面白そうですね。

⧉ **解答例の構成**

導入

2 37 子どもにいろいろなことを教えたい	➕

2 39 自分の英語の先生のようになりたい	➕

解答・解説

⌂291

QUESTION

What do you want to be in the future?

解答例 ▷ **歌手 の立場**

I want to be a singer. I have two reasons. First, I like singing very much. Singing is my ideal job. Second, I want to be famous and have many fans.

(31 語)

 ideal 理想的な

訳 あなたは将来何になりたいですか。

私は歌手になりたいです。2つの理由があります。第1に、私は歌うのが大好きです。歌うことは私の理想的な仕事です。第2に、私は有名になりたいし、多くのファンが欲しいです。

✎ 解答のポイント

今度は歌手の立場について考えてみましょう。解答例では「歌うのが好きだ」「有名になりたい」という理由を挙げていますが、これらは俳優やスポーツ選手などにも応用の利く理由です。「自分は今バンドに所属していて、演奏を続けていきたい」といった理由を挙げることもできるでしょう。

💡表現のヒント

日本語だと「歌手は私にとって理想の仕事だ」と言うので、下線の文を Singer is my ideal job. と書きそうになるかもしれませんね。ですが、job は仕事であって人ではないので、この文は正しくありません。Singing is my ideal job. とする必要があります。

📑解答例の構成

導入	
2 46 歌うのが好きだ	➕
2 47 有名になりたい	➕

解答・解説

🎧292

 3
QUESTION

Do you often help your family?

解答例 ▷ Yes の立場

Yes. I often help my family. For example, I often help
my mother cook dinner. I cut vegetables. Also,
I sometimes help my little sister with her homework.

（28 語）

 help A *do* A が〜するのを手伝う　vegetable 野菜　help A with B A の B を手伝う

訳 あなたはよく家族の手伝いをしますか。

はい。私はよく家族の手伝いをします。例えば、私はよく母が夕食を作るのを手伝
います。野菜を切ります。また、私はときどき妹の宿題を手伝います。

✏ 解答のポイント

「よく家族の手伝いをするか」を問う、Yes/No で答えるタイプの質問です。Yes の立場から見ていきましょう。どんな手伝いをするかを 2 つ挙げれば OK です。解答例では「母が夕食を作るのを手伝う」「妹の宿題を手伝う」を挙げましたが、「皿洗いをする」「父の洗車を手伝う」「買い物に行く」といった例も考えられるでしょう。

💡 表現のヒント

下線の文では help A do（A が〜するのを手伝う）という表現が使われています。do の前に to を入れても OK です。よく使う表現なので覚えておきましょう。

例：I sometimes help my father wash his car.
　　私はときどき父が洗車するのを手伝います。

⊞ 解答例の構成

導入	
3 1 母が夕食を作るのを手伝う	＋
3 6 妹の宿題を手伝う	＋

⌂293

QUESTION

Do you often help your family?

解答例 ▷ **No** の立場

No, I do not. First, I am busy with my studies. I have little time to help my family. Second, I often break dishes. My mother does not want me to wash the dishes.

(34 語)

---

 be busy with ～で忙しい　little ほとんど～ない　want A to *do* A に～してほしいと思う

訳 あなたはよく家族の手伝いをしますか。

いいえ、しません。第 1 に、私は勉強で忙しいです。家族を手伝う時間はほとんどありません。第 2 に、私はよく皿を割ります。母は私に皿洗いをしてほしくありません。

 **解答のポイント**

今度は No の立場を考えてみましょう。Chapter 1 でも述べましたが、「ここで No と答えると採点者に悪い印象を与える<ruby>与<rt>あた</rt></ruby>えるのではないか」と考える必要はまったくありません。大切なのは、あなたが No と答える理由をきちんと挙げられることです。ここでは「勉強で忙<ruby>忙<rt>いそが</rt></ruby>しく、手伝いをする時間がない」「よく皿を割<ruby>割<rt>わ</rt></ruby>るので、母親が望んでいない」という理由を挙げました。

💡**表現のヒント**

下線の want A to *do* は「A に〜してほしい」という意味の表現です。tell A to *do* (A に〜するように言う)、ask A to *do* (A に〜するように頼<ruby>頼<rt>たの</rt></ruby>む) という表現とあわせて覚えておきましょう。

例：My mother sometimes asks me to walk our dog.
　　母はときどき私に犬を散歩に連れていくように頼<ruby>頼<rt>たの</rt></ruby>みます。

🔳**解答例の構成**

導入	
3 8 　勉強で忙<ruby>忙<rt>いそが</rt></ruby>しい	+
3 11 　よく皿を割<ruby>割<rt>わ</rt></ruby>る	+

⌒294

4 *Do you like to go shopping?*

QUESTION

解答例 ▷ **Yes** の立場

Yes. I like to go shopping. For example, I like to go shopping for clothes with my friends. Also, just looking at various things at stores is exciting.

(28 語)

 clothes 洋服、衣服　various さまざまな　exciting わくわくする（ような）

訳 あなたは買い物に行くのが好きですか。

はい。買い物に行くのが好きです。例えば、友だちと服を買いに行くのが好きです。また、店でいろいろなものを見るだけでもわくわくします。

✏️ 解答のポイント

「買い物に行くのが好きか」を問う、Yes/No で答えるタイプの質問です。まず Yes の立場から見ていきましょう。このような質問では、少なくとも1つは具体例を挙げると答えやすいです。あなたは何の買い物をするのが好きか、考えてみましょう。解答例では「友だちと服を買いに行くのが好きだ」という例を挙げていますが、文具、本、ゲーム、スイーツ、趣味に関するものなど、何でもかまいません。理由と一緒に考えておきましょう。

💡 **表現のヒント**

下線の文は少し難^{むずか}しく見えるかもしれませんが、024ページで紹介^{しょうかい}したお役立ちフレーズ **2**〈*Doing* ～ is ...〉（～することは…だ）の *doing* に just（～だけ）をつけただけの文です。just を取ってみるとわかりやすいかもしれません。

Looking at various things at stores is exciting.
店でいろいろなものを見ることはわくわくします。

🔳 解答例の構成

導入	
3 34　友だちと服を買いに行くのが好きだ	＋
3 37　いろいろ見るだけでわくわくする	＋

121

🎧 295

 4 *Do you like to go shopping?*
QUESTION

解答例 ▷ **No** の立場

No. I do not like to go shopping. I have two reasons.
First, walking around shops makes me very tired.
Second, I already have too many things at home.

(29 語)

 walk around ～を歩き回る　make A B A を B にする　tired 疲れた

訳 あなたは買い物に行くのが好きですか。

いいえ。私は買い物に行くのが好きではありません。2 つの理由があります。第 1
に、お店を歩き回るととても疲れます。第 2 に、すでに家には十分すぎるくらいも
のがあります。

✐ 解答のポイント

今度は No の立場から考えてみましょう。あなたは、買い物に行くのが好きではありませんか？ 嫌いだとしたら、その理由は何でしょうか。理由はいろいろと考えられますが、解答例では「店を歩き回るのは疲れる」「すでに多くのものを持っている」という 2 つの理由を挙げました。075 ページには「店員に話しかけられるのが好きではない」「お金がない」などの理由も挙げたので、英語でどう言えばいいか確認しておきましょう。

💡表現のヒント

下線の文の walking around shops makes me very tired は、walking around shops（店を歩き回ること）が me（私）を very tired（とても疲_{つか}れた（状態））にするという意味です。make A B（A を B にする）の形はとても大切ですので、覚えておきましょう。

例：I usually wash the dishes. It makes my mother happy.
　　私はふだん皿洗_{さらあら}いをします。そうすると母が喜びます。

🏴解答例の構成

導入

3 39 店を歩き回るのは疲_{つか}れる　　　　　　　＋

3 40 すでに多くのものがある　　　　　　　　＋

🎧296

 5
QUESTION

Do you like going to aquariums?

解答例 ▷ Yes の立場

Yes. I like going to aquariums. I have two reasons. First, jellyfish are beautiful. Watching them is relaxing. Second, I can enjoy the aquarium even if it rains.

(28 語)

 aquarium 水族館　jellyfish クラゲ　relaxing リラックスする（ような）　even if たとえ～でも

訳 あなたは水族館に行くのが好きですか。

はい。私は水族館に行くのが好きです。2つの理由があります。第1に、クラゲは美しいです。それを見るとリラックスできます。第2に、雨が降っても水族館は楽しめます。

解答のポイント

「水族館に行くのが好きか」を問う、Yes/No で答えるタイプの質問です。
解答例では「クラゲを見るとリラックスする」という理由を挙げていますが、jellyfish（クラゲ）という単語を知らなければこの文は書けません。
dolphin（イルカ）や penguin（ペンギン）、octopus（タコ）、sea otter（ラッコ）など、水族館で見られそうなものを 1 つでも書けるようにしておきましょう。ほかに zoo（動物園）、movie theater（映画館）、museum（博物館、美術館）などについても考えておきましょう。

💡 **表現のヒント**

下線の文の even if は「たとえ〜でも」という意味で、if（もし〜なら）を強調する表現です。104 ページにも以下のような文がありましたね。確認しておきましょう。

例：Even if I am sick, I can eat curry.
　　病気でもカレーなら食べられます。

解答例の構成

導入

3 56 クラゲを見るとリラックスする　　＋

3 58 雨が降っても楽しめる　　＋

🎧297

5 *Do you like going to aquariums?*

QUESTION

解答例 ▷ No の立場

No. I do not like going to aquariums. First,
I am not interested in fish. Fish are boring. Second,
aquariums are usually crowded. I cannot see the fish
well.

(29 語)

 aquarium 水族館　be interested in ～に興味がある　boring 退屈な　crowded 混雑した

訳 あなたは水族館に行くのが好きですか。

いいえ。私は水族館に行くのが好きではありません。第 1 に、私は魚には興味が
ありません。魚は退屈です。第 2 に、水族館はたいてい混雑しています。魚がよく
見えません。

✏️ 解答のポイント

最後に No の立場について考えてみましょう。読者の中にはあまり水族館に行かない人もいることでしょう。それはなぜでしょうか。そもそも「魚に興味がない」という理由が大きいかもしれませんね。あるいは魚には興味があっても、近所に水族館がないという場合もあるでしょう。解答例では2つ目の理由として「水族館は混雑している」→「魚がよく見えない」という理由を挙げました。

💡 表現のヒント

下線の文で動詞が is ではなく are である点に注意しましょう。まず気をつけたいのが、fish という名詞は単数でも複数でも同じ形だということ。ここでは「魚一般」の話をしているので、主語の Fish は複数形ですから、動詞は are を使います（一般論では複数形を使う点については、026ページの「文法のポイントを確認しよう」を参照）。124ページの jellyfish are beautiful の動詞が are なのも同じ理由です。

📑 解答例の構成

導入	
3 61 魚に興味がない	➕
3 64 水族館は混雑している	➕

■編者紹介

ロゴポート

語学書を中心に企画・制作を行っている編集者ネットワーク。編集者、翻訳者、ネイティブスピーカーなどから成る。おもな編著に『英語を英語で理解する 英英英単語 初級編／中級編／上級編／超上級編』、『最短合格！英検®1級／準1級 英作文問題完全制覇』、『最短合格！英検®2級英作文＆面接 完全制覇』、『出る順で最短合格！英検®1級／準1級 語彙問題完全制覇［改訂版］』、『出る順で最短合格！英検®1～3級単熟語 EX 第2版』（ジャパンタイムズ出版）、『TEAP 単熟語 Grip1500』（アスク出版）、『だれでも正しい音が出せる 英語発音記号「超」入門』（テイエス企画）、『分野別 IELTS 英単語』（オープンゲート）などがある。

最短合格！
英検®3級ライティング完全制覇

2021年3月20日　初版発行
2024年3月20日　第4刷発行

編　者	ジャパンタイムズ出版 英語出版編集部＆ロゴポート
	©The Japan Times Publishing, Ltd. & Logoport, 2021
発行者	伊藤秀樹
発行所	株式会社 ジャパンタイムズ出版
	〒102-0082 東京都千代田区一番町 2-2
	一番町第二 TG ビル 2F
	ウェブサイト　https://jtpublishing.co.jp/
印刷所	日経印刷株式会社

本書のご感想をお寄せください。
https://jtpublishing.co.jp/contact/comment/